CliffsNotes™

다락원
논술노트
015

캔터베리 이야기

The Canterbury Tales

제프리 초서

다락원 ⓦ WILEY
Publishers Since 1807

세계의 교양을 읽는다

고전을 왜 읽는가?

인간의 삶과 세상에 대한 영원한 물음이 있기 때문이다. 시대와 사상을 뛰어넘어 지금 여기 우리에게 필요한 물음이 없는 고전은 더이상 고전이 아니다. 인간과 삶에 대한 근원적인 물음 없이 고전을 읽는다면 자신과 인간에 대한 성찰과 지혜로 이어지지 않는다. 논술 시험 때문에, 과제물 때문에, 아니면 남들이 읽으니까, 나도 읽는다는 식이라면 그 책은 죽은 책일 수밖에 없다.

고전을 살아 있는 책으로 만드는 이 '물음!'에 답하기 위해서는 좋은 길잡이가 필요하다. 40년 이상 미국의 고교생과 대학 주니어들이 시험, 에세이 작성, 심층토론 준비를 위해 바이블처럼 애용해온 'CliffsNotes'와 'SPARKNOTES'는 바로 그런 좋은 길잡이의 표본이다. 이 두 시리즈가 원조 논술연구모임인 '일이관지(一以貫之)' 팀의 촌철살인적 해설을 곁들여 〈다락원 논술노트〉로 재탄생해 논술로 고민중인 대한민국 학생 여러분을 찾아간다.

CliffsNotes와 SPARKNOTES의 가장 큰 장점은 방대하고 난해한 고전을 Chapter별로 요약하고 분석해서 원전의 내용에 보다 쉽고 체계적으로 접근하는 신속·간편성이라고 할 수 있다. 여기에 '一以貫之'팀이 원전의 중요한 문제의식, 즉 근원적 '물음'은 무엇이며, 그 '물음'은 오늘날에도 여전히 유효한가, 라는 질문을 다시 던진다.

대입논술로 고민하고, 자칭 타칭의 고전이 넘쳐나는 오늘의 독서풍토에서 지적 정복이 긴박한 대한민국 학생들에게 감히 이 시리즈를 자신 있게 권한다.

一以貫之 논술연구모임 연구실장 이호곤

CliffsNotes와 SPARKNOTES는 방대한 원작을 보다 쉽게 이해할 수 있도록 돕는 안내서입니다. 원작 이해를 돕기 위해 작가와 작품에 대한 배경지식, 그리고 매 장마다 간단한 '줄거리'와 '풀어보기'가 실려 있습니다. '줄거리'를 통해서는 원작의 내용을 명쾌하게 파악함으로써 독서의 즐거움을 느낄 수 있을 것입니다. '풀어보기'에는 원작에 담긴 문학적 경향, 등장인물의 심리상태, 시대상, 주제 등을 설명해 놓았습니다. 비판적 글읽기의 바탕이 되는 요소들이죠. 비판적 글읽기는 소설과 비소설 작품을 막론하고 책을 읽을 때 꼭 필요한 자질입니다.

그 밖에도 작품을 좀더 심오하게 분석할 수 있도록 '마무리 노트', 'Review' 등을 마련해 놓아 독자 여러분의 글읽기를 돕고 있습니다.

CliffsNotes에는 특히 관심을 갖고 읽어야 할 필수요소를 강조하기 위해 다음 네 가지 아이콘을 사용하고 있습니다.

 작품 속에 내재된 주제를 드러내줍니다.

 등장인물의 속내를 알 수 있도록 도와줍니다.

 배경, 분위기, 열정, 폭력, 풍자, 상징, 비극, 암시, 불가사의 등의 요소를 밝혀줍니다.

 단어와 문구의 미묘한 느낌을 감상할 수 있도록 해줍니다.

* 〈　〉는 장편소설, 중편소설, 논픽션, 시집. "　"는 수필집, 단편소설

○ 일이관지(一以貫之) 논술 노트
권말에는 一以貫之 논술팀에서 작성한 논술 노트가 실려 있습니다. 원작을 우리의 삶과 연계시켜 비판적 사고와 논리적 글쓰기의 방향을 제시합니다.

○ 실전 연습문제
실전 연습문제를 통해서는 원작을 바탕으로 출제 가능성이 높은 논점을 함께 숙고해 봅니다.

작가 노트

팔방미인 초서

제프리 초서 Joeffrey Chaucer는 중세에서 독특한 자리를 차지한다. 그는 평민으로 태어났지만 지성과 인간의 성격에 대한 통찰력 있는 판단을 통해 귀족사회에서 자유롭게 활동했다. 그의 생애에 관해 확실히 알려진 사실은 매우 적으나 아마도 1340년 직후에 태어난 듯하다.

초서의 아버지와 할아버지는 모두 법원에서 하위직 관리를 지냈다. 시인 초서에게 커다란 영향을 미친 곤트의 존(에드워드 3세의 넷째 아들이며 헨리 4세, 헨리 5세, 헨리 6세의 조상)과의 교분은 1357년 크리스마스 때부터 시작되었던 것 같다.

초서는 명문 태생인 필리파를 아내로 맞아 1366년경에 결혼한다. 자녀는 딸 엘리자베스와 두 아들 '작은 루이스'(초서는 루이스를 위해 천체관측 기계인 아스트롤라베의 사용법에 관한 산문을 집필했다.)와 토머스를 두었다.

초서는 당대에 학식이 가장 뛰어난 사람들에 속했다. 그는 외국의 산문과 시 작품 다수를 번역했다. 그 가운데는 보에티우스의 〈철학의 위안 *Consolation of Philosophy*〉을 비롯해서 성자들의 전설, 설교문, 마쇼와 드샹의 프랑스 시, 오비드, 버질 등의 옛 로마시, 보카치오, 페트랄크 등의 이탈리아 시가 포함된다. 또한 의학, 관상학, 천문학, 점성술, 법학, 연금술 및 초기 물리학에 관해 폭넓은 지식도 보여준다. 연금술에 관한 그의 지식은 매우 철저하여 17세기에 이르러서까지 일부 연금술사들은 그를 연금술의 '대가'로 간주했다. 초서의 시대에 연금술은 사이비 과학이 아니었다.

웨스트민스터 수도원에 있는 그의 무덤 비명에 따르면 시인은 1400년 10월25일 세상을 떠났다.

사회적 지위와 공직 활동

초서는 1359년부터 1360년까지 군인으로 프랑스에 파견되어 복무했으며, 파리에서 100여 킬로미터 떨어진 랭스 부근에서 포로로 잡혔다가 보석금을 내고 석방되어 영국으로 돌아왔다. 에드워드 왕도 16파운드를 보석금에 보탰다. 그해 말 초서는 왕의 친서를 가지고 다시 프랑스로 갔다. 그는 에드워드 왕의 시종 겸 특사로 복무한 듯하다.

그리고 1369년부터 1370년까지는 영국군에 들어가 프랑스에서 복무했으나 왕을 대리한 외교임무를 띠고 해외여행을 했다. 1372년 12월부터 1373년 5월까지는 영국의 상업항구 선택 문제를 놓고 제노바 시민들과 협상하기 위해 이탈리아에 머무르기도 했다.

초서의 높은 지위는 1377년 왕위에 오른 리처드의 치세 동안에도 유지되었다. 1377년과 1378년의 공직활동은 주로 영국에서 이루어졌으며, 켄트의 치안판사(1385), 왕실 공사 현장감독(1389), 서머셋의 노스 페더튼의 왕실 삼림 부감독관 등으로 근무했다. 이 기간에는 또한 주(州) 대의원으로 선출되어(1386) 의회에서도 일했다.

초서는 20파운드의 새로운 연금과 모피로 장식한 분홍색 외투, 그리고 1397년 이후에는 매년 104갤런짜리 포도주 한 통이 더해진 왕실의 하사품을 계속 받았다. 헨리 4세는 리처드 왕이 초서에게 주던 연금을 갱신하고 40마르크를 추가시켰다. 초서는 공직생활을 하는 동안 유럽 대륙의 여러 위대한 인물들을 비롯해 런던의 중요 인사들 대부분과 교류했다. 초서가 런던의 상인 지도자들과 소위 롤라드(위클리프*의 추종자들)로, 민중 속에서 복음을 설교했다. 왕의 대사들 및 관리들과 자주 만났다는 기록도 있다.

그의 만년에 지급된 보수는 불규칙했던 것으로 보인다. 예를 들어 "지갑에 대한 불평" 등과 같은 다양한 '구걸시'는 그가 국고로부터 받은 선불금 기록들과 더불어, 초서가 죽을 때 가난했다는 증거로 종종 인용된다. 어쨌든 아들 토머스는 초서가 죽은 후 웨스트민스터 수도원 정원에 있는 아버지의 새 저택을 인계받았고, 최고재판소의 보호를 계속 받았다.

---

* **존 위클리프**(John Wycliffe. 1320-84): 신앙에 관한 최고의 권위는 성서에 있다고 확신하고, 교황권에 맞서 영국의 정치적·종교적 독립을 표방하였다. 랭커스터 공(곤트의 존)의 협조에 힘입어 교회령 재산을 공격하고, 성직자의 악덕을 비판하는 등 교회 개혁운동에 앞장섰다.

작품 활동

초서는 자신을 여러 차례 희화화했다. 예를 들면, 〈공작부인의 서(書) *The Book of the Duchess*〉, 〈새들의 회의 *The Parliament of Fowles*〉, 〈트로일러스와 크리세이드 *Troilus and Criseyde*〉, 〈명예의 전당 *The House of Fame*〉, 〈훌륭한 여인 열전 *The Legend of Good Women*〉, 걸작 〈캔터베리 이야기 *The Canterbury Tales*〉와 같은 초기 시에 이런 희화화가 등장한다. 물론 초서의 화자(話者)들은 특정한 신체적 특징을 제외하면 '실제의' 초서가 아니다. 그러나 자신에 관한 다양한 희화화는 서로 많은 공통점을 지니고 있으며 직간접적으로 초서가 인간을 귀중하게 생각한다는 것을 분명히 보여준다.

매우 복잡하고 특수한 경우인 〈트로일러스〉의 화자를 제외하면 초서의 모든 이야기꾼들은 학문을 좋아하고, 비만에다 근시이고, 우스꽝스럽게 가식적이고, 약간 독선적이고, 중세 영웅들의 주특기인 사랑에 철저한 실패를 겪는다. 실패의 원인은 감각과 세련미의 근본적 부족이다. 이런 희화화된 인물들 속의 정신적·심리적 자질이 초서의 그것과 일치하지 않으며 실제로는 가식과 독선, 속물근성을 갖고 있지 않았을 것으로 확신한다.

초서가 쓴 시의 궁극적인 효과는 도덕적인 것이지만 초서를 도덕주의자로 설명하는 것은 불충분하며 풍자작가로 묘사하는 것은 더욱 그렇다. 그는 풍자작가일 뿐만 아니라 인간에 대한 다정한 관찰자이자 이야기꾼이다. 그는 일반적으로 악의적인 비판을 하지 않는 풍자작가다. 또한 개혁가이지만 우선적으로 인생을 찬양하는 작가로서 인류를 사랑하는 동시에 인간의 어리석음을 날카롭게 논평한다.

작품 노트

독창적인 문학적 장치 : 순례

초서의 이야기 선집 이전에 다른 선집들이 존재했으며 가장 유명한 것이 보카치오의 〈데카메론 *Decameron*〉이다. 〈데카메론〉에서는 3명의 귀족 남자와 7명의 젊은 귀부인이 여러 도시에 창궐하는 흑사병을 피해 시골의 별장에 머무는 동안 돌아가며 이야기를 하기로 합의한다. 보카치오의 이야기꾼들은 동일한 상류사회 계급에 속해 있기 때문에 이야기들은 정교하고 세련된 점이 비슷하다.

그러나 초서는 순례라는 독창적인 문학적 장치를 고안해냈다. 이 기법 덕분에 그는 다양한 계층 사람들을 한 자리에 모을 수 있었다. 이리하여 초서의 이야기꾼들은 다양한 계급과 직업을 가진 폭넓은 사회 계층을 대변한다. 그들은 훌륭한 가문의 고귀한 기사에서부터 시작하여 신앙이 독실한 수녀원장, 명예로운 서생, 부유한 지주(자유농민), 세상물정에 밝고 소박한 가정주부를 거쳐서 하층의 속물인 방앗간 주인과 목수, 면죄사까지 다채롭다.

〈캔터베리 이야기〉는 높은 문학수준 외에도 중세 말기의 사회생활과 시대상에 관한 역사와 사회 입문서 역할을 한다. 초서의 시대에는 개인의 능력과 재능에 관계없이 평민이 귀족계급으로 상승하는 것이 불가능했지만 초서는 그 누구보다도 계급적 도약에 성공했다. 그는 평민으로서 하층계급 사람들에게 받아들여져 친하게 지냈을 뿐만 아니라 상류사회 사람들과도 잘 어울렸다. 그리하여 평생 동안 가장 높은 계급과 가장 낮은 계급을 모두 관찰할 수 있었고, 이런 기회를 잘 활용했다.

초서는 인간의 기본 성격을 이해하는 천재적 능력 덕분에 위대한 시인이 되었다. 그는 여러 면에서 세상을 이해했고, 자신의 등장인물 대부분을 사랑했다. 성숙한 독자는, 모든 음탕한 언행에도 불구하고 바스의 여장부나 속물인 방앗간 주인과 같은 인물들을 싫어하기 어렵다는 것을 알게 된다. 이들은 교양 있는 독자들에게 거부감을 일으키기보다는 즐거움을 준다. 자신이 본 대로 세상을 묘사한 초서는 모든 위대한 작가들과 한 가지 자질을 공유한다. 독서를 매우 즐겼다는 것이다.

줄거리

4월에 봄이 시작되자 다양한 사회계급의 사람들이 영국의 순교자인 성 토머스 베켓의 축복을 받기 위해 캔터베리로 순례여행을 떠날 준비를 하러 타바드 여관에 몰려든다. 초서 자신도 순례자 가운데 한 사람이다. 그날 밤 타바드 여관 주인은 순례자 일행에게 여행을 보다 즐겁게 보내기 위해 캔터베리로 가는 길과 오는 길에 돌아가며 이야기를 하자는 의견을 내놓는다. 가장 훌륭한 이야기를 하는 사람은 여행이 끝나고 멋진 만찬을 상으로 받게 된다. 주인은 순례여행에 동참

하기로 결정하고, 가장 훌륭한 이야기를 선정하는 심사위원이 되겠다고 자청한다.

출발 직후 일행은 밀짚으로 제비를 뽑는다. 가장 짧은 밀짚을 뽑은 기사가 첫 번째로 이야기를 하는 데 동의한다. 기사들과 명예 및 사랑에 관한 고결한 이야기다. 기사가 이야기를 끝내자 주인은 수사에게 이야기를 청한다. 그러나 술에 취한 방앗간 주인이 자기 차례라고 우기며 어리석은 목수 이야기를 하기 시작한다. 그의 이야기가 끝나자 과거 목수였던 장원 청지기를 제외한 모든 사람이 요란하게 웃는다. 장원 청지기는 방앗간 주인에게 앙갚음을 하려고 속임수를 쓰는 어느 방앗간 주인에 관한 저질 이야기를 한다. 장원 청지기는 이야기가 끝나자 요리사 로저가 진정한 이야기를 하겠다고 약속하지만 이야기를 끝내지 못한다.

이제 첫 번째 날이 빠르게 지나가고 주인은 순례자들에게 각자 이야기를 하라고 재촉한다. 그는 자신이 알고 있는 최상의 법률용어를 사용하며 법률가에게 다음 이야기를 청한다. 법률가는 콘스탄스에 관한 이야기를 한다. 주인은 법률가의 이야기에 크게 만족하고 교구신부에게 마찬가지로 좋은 이야기를 해달라고 요청한다. 그러나 교구신부는 거절하고 주인이 자신을 욕하고 조롱한다고 질책한다. 선원이 대화에 끼어들어 지금까지 지나친 도덕론적 이야기를 들은 데 대한 보상으로 활기찬 이야기를 한다.

    다음 차례인 바스의 여장부는 아내가 남편에게 주권을 행사할 때에만 행복한 결혼생활이 실현된다는 주장으로 이야기를 시작한다. 그녀가 이야기를 마치자 탁발 수사가 교회 재판의 소환리에 관한 이야기를 하겠다고 나선다. 그러나 항상 평화유지자인 주인은 소환리를 건드리지 말라고 탁발 수사에게 권고한다. 소환리가 대화에 끼어들어 탁발 수사가 하고 싶은 대로 해도 된다고 하면서 탁발 수사에 관한 이야기로 되갚을 것이라고 말한다. 그럼에도 불구하고 탁발 수사의 이야기에 화가 난 소환리는 모든 탁발 수사들의 운명에 관한 음란한 이야기에 이어 특정한 탁발 수사 한 사람에 관한 음탕한 이야기를 계속한다.

    탁발 수사와 소환리가 상대방을 모욕하는 이야기를 마치자 주인은 서생에게 고개를 돌려 밝은 이야기를 청한다. 서생은 그리셀다와 그녀의 인내심에 관한 이야기를 한다. 이 이야기는 바스의 여장부 이야기와 정반대 상황을 묘사한다. 상인은 그리셀다처럼 인내심이 강하고 착한 아내는 만나지 못했다고 논평하고, 늙은 남편을 속이는 젊은 아내의 이야기를 한다. 상인의 이야기가 끝나자 주인은 사랑에 관한 또 다른 이야기를 요청하며 수습기사에게 고개를 돌린다. 수습기사는 일련의 초자연적인 사건에 대해 이야기를 시작한다. 그러나 자유농민인 부유한 지주가 수습기사의 이야기를 가로막고 그의 웅변과 명문태생을 칭찬했기 때문에 이야기를 끝내지 못한다.

다음 이야기를 시작하는 데만 관심이 있는 주인은 자유농민에게 이야기를 시작하라고 지시하고 자유농민은 그 지시에 따른다. 그는 행복한 결혼생활에 관해 이야기한다.

이어서 의사가 어느 아버지와 딸의 비극적인 재앙에 관한 이야기를 한다. 이야기를 들은 주인은 몹시 심기가 불편해져서 면죄사에게 즐거운 이야기를 하라고 청한다. 면죄사는 그가 도덕적인 사람은 아니지만 도덕적인 이야기를 할 수 있다는 것을 이야기를 통해 증명한다. 이야기가 끝나자 면죄사는 순례자들에게 자기의 성유물과 면죄부를 사라고 권유하면서 주인이 가장 죄가 많으니까 주인부터 사야 한다는 의견을 낸다. 이 말에 주인은 격노한다. 기사가 주인과 면죄사를 중재해 평화를 회복시킨다.

순례자들은 이어 수녀원장이 한 젊은 순교자에 관해 이야기하는 것을 듣는다. 수녀원장의 진지한 이야기를 들은 후 주인은 초서에게 고개를 돌려 일행의 기분을 즐겁게 만들 수 있는 이야기를 하라고 청한다. 초서는 토파스 경에 관한 이야기를 시작하지만 곧 주인이 중단시킨다. 주인은 방울소리 같은 압운(押韻) 맞추기에 신물이 났다고 주장하고, 초서가 다소 산문적인 이야기를 해주면 좋겠다고 말한다. 초서는 주인의 말에 따라 지루한 멜리비 이야기를 한다.

멜리비 이야기가 끝나고 주인은 명랑하고 행복한 이야기를 기대하며 쾌활한 수사에게 고개를 돌린다. 수사는 즐거운 이야기 대신, 모든 등장인물들에게 비극이 닥치는 이야기를 잇따라 한다. 기사가 주인의 말을 거들고 나서서, 수사의 이야기들이 너무나 듣기 거북하다고 주장하며 명랑한 이야기를 주문한다. 그러나 수사가 거부하자 주인은 수녀 일행인 신부를 향해 이야기를 청한다. 이리하여 그 신부는 헛간 앞뜰의 수탉 촌티클리어와 그의 아내 및 여우에 관한 이야기를 한다. 이어 두 번째 수녀가 자신의 신분에 어울리는 이야기를 한다. 그녀의 이야기는 성녀 세실리아의 생애에 일어난 사건들을 다시 설명한 것이다.

갑자기 두 남자가 순례자들에게 다가온다. 한 사람은 성당참사이고 또 한 사람은 그의 종자다. 주인은 두 사람을 환영하고 할 이야기가 있느냐고 묻는다. 참사의 종자는 자기 주인이 즐거움과 웃음으로 가득 찬 진기한 이야기를 많이 알고 있다고 대답한다. 그러나 종자가 자기네 생활과 행동에 관해 이야기하기 시작하자 참사는 당황하여 두려운 듯이 슬그머니 자리를 뜬다.

일행이 캔터베리에 접근할 때 주인은 수도원 식량 조달계에게 이야기를 하라고 지시하고, 그는 말과 노래를 할 줄 아는 흰 까마귀 이야기를 한다. 끝으로 주인은 마지막으로 남은 교구신부에게 이야기를 시킨다. 이에 동의한 교구신부는 설교를 한다. 초서가 자신의 이야기를 철회한다는 말로 이 책의 이야기는 끝난다.

등장인물

순례자들

주인(해리 베일리) *The Host(Harry Bailey)* 타바드 여관의 주인으로 순례자 일행과 함께 여행할 것을 자원한다. 모든 사람들을 행복하게 해주고, 안내자, 분쟁 조정자, 이야기 심사원이 되겠다고 약속한다.

기사 *The Knight* 기사도와 진리, 명예의 화신으로 순례자 일행 가운데서 사회적 지위가 가장 높다. 위엄과 지위로 인해 다른 순례자들과 거리가 있다.

방앗간 주인 *The Miller* 속물적인 주정뱅이. 무례하게 주인의 말을 가로막으며 다음 차례에 자기가 이야기를 하게 해달라고 요구하고, 목수에 관한 이야기가 진실이기 때문에 저질스러울 것이라고 좌중에게 경고한다.

장원 청지기 *The Reeve* 과거 목수였으며, 나이가 매우 많고 화를 잘 낸다. 어리석은 늙은 목수에 관한 방앗간 주인의 이야기에 분개한다.

법률가(고등 법률가) *The Man of Law(or Sergeant of Law)* 법률가 겸 재판소 고위 판사. 신중하고 의심이 많으며 현명하다. 순례자 일행에서 고등교육을 받은 사람들 가운데 하나다.

요리사 로저 *Roger, the Cook* 요리로 유명하며, 음부주변에 조그만 종기가 생겨 헐고 고름이 흐르는 매독 초기증세가 나타남. 그의 이야기는 미완으로 끝난다.

바스의 여장부(앨리순) *The Wife of Bath(Alisoun)* 치아 사이가 벌어지고 가는귀를 먹은 것이 특징으로, 밝은 분홍 계통의 홍색 양말을 신는다. 다섯 명의 남편을 거친(마지막 남편은 그녀 나이의 절반이다.) 그녀는 자유분방하고 노골적으로 음탕한 언행을 일삼는다.

탁발 수사 허버트 *Hubert, the Friar* 음탕하고 방탕하며 어린 처녀들을 유혹해 관계한 다음 결혼을 주선해 준다. 돈을 밝히고 가난한 가정들보다는 술집들을 더 잘 안다.

소환리 *The Summoner* 교회재판에 사람들을 불러오는 교회 직원으로, 직업만큼이나 추악한 인간. 붉은 피부색, 여드름, 종기, 부스럼으로 어린이들을 놀라게 한다.

서생 *The Clerk* 성실하고 경건한 옥스퍼드 대학교 학생. 학문을 좋아하고 순례자들 모두의 존경을 받는다. 돈을 몽땅 책 사는 데 쓰기 때문에 몹시 가난하다.

상인 *The Merchant* 교활하고 지능적이어서 흥정을 유리하게 성사시키는 방법을 알고 있다. 부유한 신흥 중산층의 한 사람.

수습기사 *The Squire* 허영에 들뜨고 욕망이 많은 청년으로, 기사 후보다. 노래를 하고 시를 쓰며 말을 매우 잘 탄다. 자신이 귀부인들에게 인기가 높다고 생각한다.

자유농민 *The Franklin* 넓은 토지를 가진 부유한 지주. 고급스런 생활과 원만한 교우관계를 즐긴다.

선원 *The Shipman* 행동이 세련되지 못하고 체구가 거대하다. 배는 잘 다루지만 말 위에서는 서툴러 실수를 한다.

수녀원장(이글랜틴 여사) *The Prioress(Madame Eglantine)* 가문이 매우 훌륭한 귀부인 출신으로, 얌전하고 세련되었다. 예의범절이 바르고 식사법이 귀족답다. 라틴어로 "사랑은 모든 것을 정복한다"고 새긴 금 브로치를 달고 있다.

의사 *The Physician* 의학과 약품, 유머에 관해 잘 아는 듯이 말하며, 점성술도 알고 있다. 금을 좋아하며 흑사병이 돌 때 많은 돈을 번다.

면죄사 *The Pardoner* 모든 순례자들 가운데서 가장 복잡한 인물. 지식인이며 목적 달성을 위해 진보된 심리적 수법을 이용한다. 선한 사람은 아니지만 유익한 설교를 할 수 있다.

수사 *The Monk* 수도원의 재산을 관리한다. 뚱뚱한 체구에 행복한 생활을 하며 좋은 음식과 포도주를 사랑한다. 엄격한 수도원보다는 술집들을 더 좋아 한다는 사실을 깨닫게 된다.

수녀원 지도신부 *The Nun's Prist* 수녀들이 고해를 할 수 있도록 동행하는 교회 사제.

두 번째 수녀 *The Second Nun* 신앙심이 매우 깊고, 게으름은 죄가 된다고 믿는다. 따라서 즉각 자기 이야기를 시작한다.

성당참사와 하인 *The Canon and the Canon's Yeoman* 순례자 일행은 아니지만 성당참사는 그의 하인과 함께 등장한다. 자기 하인이 이야기를 시작하자 자리를 뜬다.

식량 조달계 *The Manciple* 법률학교의 급사장인 그는 법과대학생들만큼 지능이 우수하지는 않으나 자기 몫의 돈을 따로 떼어 착복할 수 있을 만큼은 총명하고 교활하다.

교구신부 *The Parson* 대단히 가난하지만 신앙심이 매우 깊고 덕이 높으며 고도로 윤리적인 이야기를 한다. 얼마 안 되는 자기 돈을 교구주민들에게 나눠주고 완벽한 생활을 하려고 애쓰며 다른 사람들을 위해 이상을 설정한다.

이야기 속의 주요 등장인물들

테세우스 공작 *Duke Theseus* (기사의 이야기) 일생 동안 뛰어난 업적을 이룬 고대 아테네의 유명한 지배자. 위대하고 고귀한 통치자란 평가를 받는다.

히폴리타 왕비 *Queen Hippolyta* (기사의 이야기) 테세우스의 왕비. 자기 부족이 테세우스에게 정복당해 그의 왕비가 되기 전까지 아마존족의 강력한 여왕이었다.

에밀리 *Emilie* (기사의 이야기) 테세우스의 아름다운 처제. 본의 아니게 감옥에 갇힌 아싸이트와 팔라몬의 관심을 끌게 된다. 중심 줄거리 전개의 동기가 되는 인물.

팔라몬 *Palamon* (기사의 이야기) 테세우스와 싸우다 부상하여 포로로 잡힌 후 종신형을 살고 있는 테베의 기사. 몇 년 후 아름다운 에밀리를 보고 사랑을 느낀다.

아싸이트 *Arcite* (기사의 이야기) 테베의 기사이며 팔라몬의 친구. 아름다운 에밀리를 본 순간 변함없는 사랑을 맹세한다.

늙은 목수 존 *Old John, the Carpenter* (방앗간 주인의 이야기) 부유한 목수. 어리석게도 발랄한 어린 처녀와 결혼한다.

앨리슨 *Alison* (방앗간 주인의 이야기) 늙은 목수의 젊고 관능적인 아내. 젊은 서생과 간통하기 위해 음모를 꾸미는 한편, 또 다른 구애자에게 음탕한 장난을 친다.

니콜라스 *Nicholas* (방앗간 주인의 이야기) 열정적인 젊은 하숙인. 목수의 어린 아내를 유혹하려고 점성술을 활용해 또 한 차례 홍수가 시작되기 직전이라고 목수를 설득한다.

압살론 *Absalon* (방앗간 주인의 이야기) 앨리슨을 사랑하는 젊은 성직자. 니콜라스와 앨리슨의 밀회를 방해한다. 세련되고 까다로운 성격이며, 역겨운 냄새에 과민반응을 보인다. 음탕한 장난의 표적이 된다.

오스월드 *Oswold* (장원 청지기의 이야기) 고객들의 곡식을 훔치는 음흉한 방앗간 주인. 아내를 지키려고 몹시 경계하며, '숙성한' 딸과 어린 아들을 두고 있다.

몰리 *Molly* (장원 청지기의 이야기) 방앗간 주인의 딸. 앨런의 유혹을 받는다.

존과 앨런 *John and Alan* (장원 청지기의 이야기) 방앗간 주인에게 속지 않겠다고 결심한 대학생들. 방앗간 주인이 자기네를 속이자 방앗간 주인의 아내와 딸을 유혹하여 보복한다.

퍼킨 레블러 *Perkin Reveler* (요리사의 이야기) 젊은 견습 요리사. 춤과 술, 노래, 도박, 연애에 깊은 관심을 기울인다.

콘스탄스 *Constance* (법률가의 이야기) 끊임없이 위기에 빠지지만 기독교에 대한 신앙을 결코 잃지 않는 여자.

시리아의 술탄 *Sultan of Syria* (법률가의 이야기) 콘스탄스와 결혼할 수 있도록 기독교로 개종하는 젊은 군주.

알라 왕 *King Alla* (법률가의 이야기) 콘스탄스를 사랑하게 되어 결혼하는 노섬벌랜드의 군주.

도네길드 *Donegild* (법률가의 이야기) 알라 왕의 사악한 어머니. 왕의 편지를 위조하여 왕이 자기 아이를 죽이라는 명령을 내렸다고 거짓말을 한다.

잰킨 *Jankyn* (바스의 여장부의 서언) 여장부의 다섯 번째 남편으로 아내를 난처하게 한다. 여장부가 길들여서 복종하도록 만든다.

늙은 토머스 *Old Thomas* (소환리의 이야기) 탁발 수사에게 속아 거액의 기부를 하는 늙고 병든 남자. 마지막 기부로 수도사에게 복수한다.

월터 왕 *King Walter* (서생의 이야기) 자신의 갖가지 요구에 절대 불평을 하지 않는 여자와 결혼하기를 희망하는 왕.

그리셀다 *Griselda* (서생의 이야기) 월터의 왕비. 미모와 인내심, 선함과 정절의 화신.

재뉴어리 *January* (상인의 이야기) 자신의 거친 생활방식을 버리고 아름다운 젊은 처녀와 결혼하기로 결심하는 늙은 기사.

메이 *May* (상인의 이야기) 늙은 남편(재뉴어리)이 성적으로 만족시킬 수 없는 아름다운 18세의 신부.

다미안 *Damian* (상인의 이야기) 메이에게 반해서 사랑에 빠지는 용모가 준수한 청년.

캐내스 *Canace* (수습기사의 이야기) 공주이자 세상에서 가장 아름답고 우아한 여인.

아베라거스 *Arveragus* (자유농민의 이야기) 고귀하고 용감한 기사. 부부가 서로 존경하고 관용을 베풀자는 결혼서약을 받아들일 용의가 있는 아내를 원한다.

도리겐 *Dorigen* (자유농민의 이야기) 아베라거스의 부인. 남편의 부재중에 불행과 고독, 슬픔에 시달린다.

아우렐리우스 *Aurelius* (자유농민의 이야기) 남몰래 도리겐을 미칠 듯이 사랑하는 부유한 이웃 남자.

버지니우스 *Virginius* (의사의 이야기) 아름다운 딸을 데리고 사는 부유하고 명예로운 기사.

버지니아 *Virginia* (의사의 이야기) 버지니우스의 딸. 미모와 겸손함이 사악한 아피우스의 관심을 끈다.

아피우스 *Appius* (의사의 이야기) 불공정한 판사. 버지니아의 미모에 반해 그녀를 차지하기로 결심한다.

클라우디우스 *Claudius* (의사의 이야기) 버지니아를 잡아다가 유혹하는 아피우스의 악랄한 계획을 돕는 악질 깡패.

3명의 난폭자들 *The Three Rioters* (면죄사의 이야기) 죽음을 찾아내서 죽이기로 결심한 주정뱅이 건달들.

토파스 경 *Sir Topas* (초서의 토파스 경 이야기) 용모가 준수하고 뛰어난 사냥꾼이며 레슬링을 대단히 잘하는 젊은 기사. 모든 처녀들에게 동경의 대상이다.

멜리비 *Melibee* (초서의 멜리비 이야기) 딸에게 상처를 입힌 3명의 도적들을 용서한다.

프루던스 부인 *Dame Prudence* (초서의 멜리비 이야기) 멜리비의 아내.

촌티클리어 *Chaunticleer* (수녀 지도신부의 이야기) 한 무리의 암탉들을 거느리고 사는 잘 생긴 수탉. 자신의 노래하는 목소리를 유달리 자랑스럽게 생각하며, 허영심이 극도로 강해 쉽게 속는다.

퍼틸로티 *Dame Pertelote* (수녀 지도신부의 이야기) 촌티클리어가 헌신적으로 사랑하는 암탉. 잔소리꾼이지만 촌티클리어에게 헌신적이다.

돈 러셀 (경) *Don (Sir) Russel* (수녀 지도신부의 이야기) 여우의 전통적인 이름. 전형적인 교활한 여우이며 아첨을 해서 촌티클리어를 속인다.

세실리아 *Cecilia* (두 번째 수녀의 이야기) 순결을 사랑하는 어린 처녀로, 영원히 동정을 지키고 싶어 한다.

발레리안 *Valerian* (두 번째 수녀의 이야기) 세실리아가 결혼하기로 결심하는 청년. 세실리아가 설득하여 세례를 받도록 한다. 아내를 천사처럼 우러러보며, 자기 형제 또한 기독교로 개종하기를 원한다.

티버스 *Tiburce* (두 번째 수녀의 이야기) 발레리안의 형제. 세실리아가 개종시
킬 때까지 세례받기를 주저한다.

피버스 *Phoebus* (집사의 이야기) 위대한 전사이자 뛰어난 음악가. 용모가 준
수하고 친절하지만 아름다운 아내를 몹시 믿지 못한다. 말하는 까마
귀가 아내의 부정행위를 밀고하자 아내를 살해하고 나중에는 까마귀
도 죽인다.

등장인물 관계도

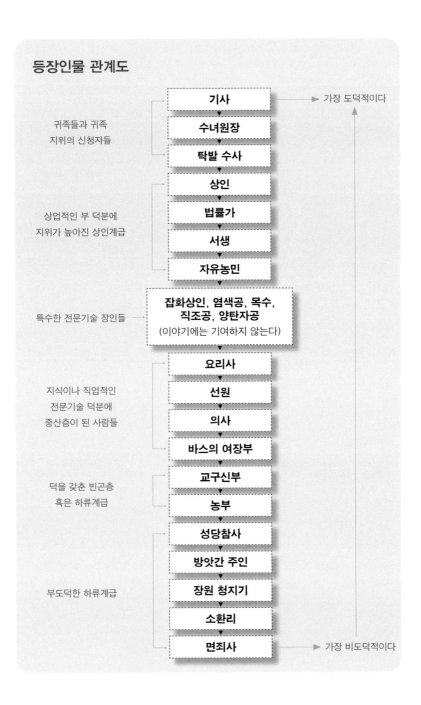

귀족들과 귀족 지위의 신청자들
- 기사
- 수녀원장
- 탁발 수사

→ 가장 도덕적이다

상업적인 부 덕분에 지위가 높아진 상인계급
- 상인
- 법률가
- 서생
- 자유농민

특수한 전문기술 장인들
- **잡화상인, 염색공, 목수, 직조공, 양탄자공**
  (이야기에는 기여하지 않는다)

지식이나 직업적인 전문기술 덕분에 중산층이 된 사람들
- 요리사
- 선원
- 의사
- 바스의 여장부

덕을 갖춘 빈곤층 혹은 하류계급
- 교구신부
- 농부

부도덕한 하류계급
- 성당참사
- 방앗간 주인
- 장원 청지기
- 소환리
- 면죄사

→ 가장 비도덕적이다

이야기별
정리 노트

서문

:줄거리 즐거운 순례여행을 위해

어느 봄날 캔터베리 이야기의 화자(話者)는 캔터베리로 여행을 떠나기에 앞서 타바드 여관에서 방을 하나 빌린다. 그날 저녁 한 무리의 사람들이 여관에 도착한다. 그들 역시 모두 '행복을 주는 성스러운 순교자' 성토머스 베켓의 축복을 받기 위해 캔터베리로 갈 예정이다. 목적지 때문에 자신들을 '순례자'라고 부르는 그들은 화자를 일행에 받아들인다. 화자는 새로 알게 된 여행 동반자들에 관해 설명한다.

여관 주인 해리 베일리는 여행을 더욱 유쾌하게 하기 위해 일행 각자가 캔터베리까지 가는 동안 두 가지 이야기를 하고 돌아오는 길에 두 가지를 더 하자고 제안한다. 가장 훌륭한 이야기를 한 사람은 일행의 다른 사람들이 낸 돈으로 멋진 만찬을 대접받게 된다. 주인은 캔터베리까지 순례자들과 동행하며 이야기의 심사원 노릇을 하기로 한다.

:풀어보기

이 도입부의 기본적인 기능은 캔터베리 순례의 외적 환경과 동기를 소개하는 것이다. 각 순례자가 캔터베리로 가는 도중 두 가지 이야기를 하고 돌아오는 길에 두 가지를 더 한다는 초서의 당초 계획은 실현되지 못했다. 독자는 캔터베리까지 가는 도중에 나온 이야기만 듣는다. 서문에는 영국 각계 각층의 생활이 묘사되어 있다. 묘사 순서가 중요한데, 그 순서는 서로 다른 직업들의 사회적 지위에 대한 단서를 제공하기 때문이다. 먼저 소개된 순례자들은 사회의 최고 계급을 대표하며, 그 다음에 소개되는 순례자들의 사회적 지위는 갈수록 낮아진다.

사회적 계급이 가장 높은 사람들은 귀족이나 혹은 귀족 자격을 신청한 사람들이다. 이 집단의 첫 번째가 기사와 그의 집안사람들이며, 수습기사가 포함된다. 사회적 지위가 두 번째로 높은 집단은 수녀원장과 수도승 및 탁발 수사다. 사회적 지위가 낮은 탁발 수사가, 신앙심이 독실해 구걸헌금을 매우 잘 함으로써 부를 축적한 결과 귀족 반열에 끼어든 것은 역설적이다. 이 순례자들 가운데서 기사와 그의 아들인 수습기사만이 외적으로나 내적으로 진정한 귀족 자격을 갖추었다고 볼 수 있다. 탁발 수사와 수도승의 (훌륭한 가문출신의 결과인) '세련미'는 외적이고 가식적이다.

이 계급 다음은 주로 상업적인 부를 통해 높은 사회적 계급을 얻은 순례자들이다. 이 집단 속에는 상인이 포함된다. 그는 프랑스 주화를 판매하여 불법적으로 거액의 돈을 모았다. 프랑스 주화 거래는 당시 영국에서 금지된 상행위였다. 법률가는 직업적인 지식을 이용하여 저당권을 상실한 재산을 사실상 공짜에 가깝게 사서 재산을 모았다. 서생이 순례자들 중에서 이 집단에 속하는 것은 신사적인 예의범절과 서적에 관한 방대한 지식 때문이다. 자유농민은 지방의 신사가 되기에 충분한 돈을 모았고, 귀족 지위를 신청할 수 있는 입장이다.

순례자들의 다음 계급은 길드 조합원들이다. 이들은 전문기술 길드의 특수 조합과 비슷한 단체에 속하는 사람들로 구성된다. 이 전문기술 노동자 집단 속에는 잡화상인, 염색공, 목수, 직조공, 양탄자공이 포함된다. 이들은 이야기를 하지 않는다.

순례자들의 중산계층 집단은 그 다음 지위를 구성한다. 이 집단에서 첫 번째로 소개되는 사람이 요리사다. 격에 맞지 않는다고 독자들이 생각할지 모르지만 그는 요리의 달인으로서 여행 동반자들로부터 커다란 존경을 받는다. 이 사회계급에 선원이 포함된다. 전 세계를 여행하면서 많은 지식을 습득했기 때문이다. 의사도 이 집단에 포함된다. 중세의 의사는 오늘날보다 존경을 덜 받은 직업이었다. 이 집단에서 마지막으로 소개되는 바스의 여장부는 지식과 태도 및 수많은 순례여행 경험으로 인해 이 집단으로 분류된다.

교구신부와 농부는 순례자들의 다음 계급 집단인 미덕을 갖춘 빈곤층 혹은 하류계급을 구성한다. 농부는 매우 가난하지만 기독교의 모든 덕목들을 대표한다.

순례자들의 마지막 집단은 부도덕한 하류계급 사람들이다. 이 집단 가운데는 법률학원 법률가들을 대신하여 식료품을 구입하면서 부정이득을 얻는 집사와 고객들의 곡식을 훔치는 속물적인 방앗간 주인이 포함된다. 추잡한 이야기를 즐겨 하는 장원 청지기는 자신을 싫어하는 젊은 주인을 속이고, 부패한 소환리는 뇌물을 받는다. 이 바람직하지 못한 계층에는 마지막으로 가짜 면죄부와 모조 성유물을 팔아먹는 가장 부패한 면죄사가 포함된다.

기사의 이야기

:줄거리 기사들의 전쟁과 사랑

제1부: 스키티아를 전복시킨 테세우스 공은 새 아내 히폴리타와 처제 에밀리를 대동하고 귀국한다. 아테네 교외에 도착한 그는 한 무리의 우는 여자들을 만난다. 독재자 크레온이 여자들의 남편들을 죽이고는 시체를 매장하지 않고 방치해 모독하고 있다는 것이다. 분노한 테세우스는 신속히 크레온의 정권을 무너뜨리고 테베인들의 시체를 여자들에게 돌려줘 장례식을 치르게 한다. 크레온의 군대를 전멸시킨 후 전리품을 수색하던 병사들은 중상을 입은 젊은 기사(팔라몬과 아싸이트) 두 명을 잡아 테세우스에게 끌고 온다. 테세우스는 기사들을 죽이지 않기로 결정하고, 대신 종신 포로로서 왕궁의 감옥에 집어넣는다.

　　몇 년 후 어느 날 아침 팔라몬은 정원을 산책하는 에밀리를 보고 고통스럽게 소리친다. 아싸이트는 감방의 창문에서 바깥을 엿보다 아름다운 에밀리에 대한 사랑을 선언한다. 두 기사 모두 에밀리에 대한 사랑을 주장하다가 우정은 적대관계로 바뀐다. 이 무렵 두 기사와 모두 절친한 사람이 아테네에 도착하여 아싸이트가 아테네에 돌아오지 않는다는 조건으로 석방을 주선한다. 두 기사는 서로 상대방이 행운아라고 생각한다. 팔라몬은 여전히 아름다운 에밀리를 볼 수 있고, 아싸이트는 군대를 일으켜 그녀를 탈취할 수 있기 때문이다.

제2부: 테베에 돌아온 아싸이트는 상사병에 걸린다. 그의 외모는 마음고생 때문에 너무나 변해서 알아볼 수 없을 정도다. 어느 날 밤 신들의 사자인 머큐리가 나타나 그에게 아테네로 돌아가라고 명령하고, 아싸이트는 그 명령에 따른다. 필로스트라테란 가명을 사용한 아싸이트는 에밀리의 집에 시종으로 고용된다. 몇 년이 지나고 필로스트라테(아싸이트)는 테세우스의 궁정에서 존경받는 고관의 자리에 오른다.

한편, 팔라몬은 감옥 탑 속에서 시들고 있었다. 마침내 우연인지 운명인지 팔라몬은 탈옥하여 숲으로 도망친다. 공교롭게도 그날 아침 아싸이트가 같은 숲으로 간다. 혼자 있다고 생각한 아싸이트는 지난 내력을 큰소리로 말하며 자기를 이런 처지에 빠뜨렸다며 주노와 마르스, 특히 비너스를 비난한다. 처음에 아싸이트를 알아보지 못했던 팔라몬이 마침내 아싸이트의 탄식을 듣고 정체를 알아차리게 되고, 아싸이트가 반역을 하

고 법을 위반했다며 죽이겠다고 뛰어나간다. 두 사람은 다음날 결투하기로 합의한다.

다음날, 두 사람은 기사의 의식을 생략한 채 결투를 벌인다. 테세우스 일행이 결투 현장에 나타난다. 테세우스는 결투를 중단시키고 두 기사의 행동을 책망한다. 팔라몬이 모든 사실을 털어놓고, 둘 다 죽여줄 것을 청한다. 테세우스는 그 소원을 받아들이겠다고 맹세하지만 일행의 여자들이 자비를 청하자 태도를 누그러뜨린다. 테세우스는 두 기사에게 1년 뒤 기사 100명의 지원을 받아 정식 결전을 벌이도록 제의한다. 결전의 승자가 에밀리의 손을 잡게 된다.

제3부: 그해 말, 아싸이트와 팔라몬은 각기 100명의 기사들을 거느리고 결전을 위해 아테네로 돌아온다. 테세우스는 모두를 환영하고 성대한 향응을 베푼다. 전투 전날 밤 팔라몬과 에밀리, 그리고 아싸이트는 각자 기도를 올린다. 팔라몬은 사랑의 여신 비너스에게 기도한다. 에밀리는 순결의 여신 다이애나에게 기도한다. 아싸이트는 전쟁의 신 마르스에게 기도한다. 세 사람은 모두 기도에 대한 응답을 나타내는 환상을 하나씩 본다. 세 사람의 기도와 그로 인한 문제들로 인해 하늘나라에서 혼란이 일어난다. 그때 운명의 신 새턴이 나서서 팔라몬은 사랑을 얻을 것이며 아싸이트는 무술시합에서 승리할 것이라고 약속하여 사태를 조화롭게 수습한다.

제4부: 전투가 시작되고 여러 차례의 장렬한 장면과 영웅적인 전투 끝에 팔라몬이 중상을 입고 싸움터에서 실려 나간다. 아싸이트에게 승리가 선언된다. 새턴은 아싸이트의 말에게 겁을 주기 위해 플루토 신의 분노 한 가닥을 날려 보낸다. 부상한 아싸이트는 테세우스의 궁전으로 운반된다.

누워서 죽어가는 아싸이트는 팔라몬보다 더 좋은 사람을 만나보지 못했다는 것을 인정하고 에밀리에게 팔라몬을 남편으로 받아들일 것을 간청한다. 아싸이트는 죽고 테세우스는 성대한 장례식을 준비한다. 오랜 애도 기간이 끝나고 팔라몬과 에밀리는 결혼하여 변함없는 '사랑' 속에서 여생을 지낸다.

・풀어보기

제1부: '기사의 이야기'는 기사 자신과 완벽하게 어울린다. 즉 그는 기사들과 사랑, 명예, 기사도 및 모험으로 가득 찬 이야기를 선택한다. 이 이야기의 중점은 기사도와 합당한 행동에 주어진다. 기사 자신과 마찬가지로 테세우스는 이상적인 인간의 정의(正義), 즉 이성의 화신이다.

주제탐색 테세우스의 두 차례 전투(첫 번째 상대는 히폴리타가 통치하는 용맹한 여성 전사 집단, 다음은 비타협적인 독재자 크레온)는 두 가지 다른 종류의 사회적 무질서에 관심의 초점이 모아진다. 아마존 사회는 기본적으로 선하지만 남성의 합리적 통치가 필요하다. 히폴리타('공정'하고 '억센') 같은 여자는 사회적 무질서를 상징한다. 테세우스('지혜'와 '기사도'가 특징)는 학문과 정의의 중심지인 아테네를 지배하고, 따라서 그는 히폴리타를 제압해야 한다. 반면에 크레온의 독재는 사회적 무질서의 더욱 나쁜 형태를 상징한다. 크레온의 비천하고 저속한 속성(분노와 사악함)이 이성의 자리를 빼앗았다. 이 두 차례 전쟁은 다른 면에서도 중요하다. 두 전쟁은 기사와 여자들의 이상적인 관계를 보여준다. 테세우스는 먼저 히폴리타를 정복해 응징하고 결혼하여 다스린다. 그 후 크레온과의 전투에서 자력으로 의지를 관철할 능력이 없는 테베의 여자들에게 자신의 남성적인 힘을 빌려준다.

문학적 장치 갇혀 있는 감옥 탑 아래의 정원을 거니는 에밀리를 보았을 때 팔라몬과 아싸이트 사이에 벌어진 장면은 이 이야기에서 가장 서정적이고 고상한 대목이다. 에밀리에 대한 초서의 통상적인 묘사는 중세 시의 전통인 영상적인 연상기법이다. 그 여인은 '녹색 줄기 위의 백합보다 더욱 아름다운' 꽃과도 같다. 그녀는 5월의 정원과 정신을 가진, 자연이 탄생시킨 미인이다. 그러나 그녀는 자연을 능가하는 무언가 광채를 발한다. "그녀는 천상의 천사처럼 노래했다."

아싸이트와 팔라몬은 무분별한 싸움 속에서 모두 자기 운명을 불평한다. 그리고 갑자기 운명은 아싸이트의 입장을 바꾼다. 테세우스의 친구이자 아싸이트와도 절친한 페로테우스의 부탁과 테세우스의 동정심 덕분에 아싸이트는 석방되지만 기뻐하지 않는다. 그는 페로테우스를 알게 된 것을 후회하고, 팔라몬이 아름다운 에밀리를 매일 볼 수 있는 감옥 즉 '낙원'에 머물고 있는 것을 부러워한다. 그의 생각은 단순한 신체적 본성을 초월하지 못한다. 따라서 아싸이트는 절망의 죄, 즉 중세의 용어로 말하면 신은 무자비하다고 믿는 죄로 떨어지게 된다. 그는 자신의 시야에서 에밀리를 앗아간 신을 원망한다.

제2부: 이 부분은 기사 이야기 속의 줄거리를 진행시키는 것 외에 주요 등장인물들의 개별적인 특성들을 보강한다. 테세우스는 여자들의 간청을 받아들임으로써 그의 뚜렷한 특징이 이성임을 분명히 보여준다. 그는 열정(이 경우에는 분노)에도 불구하고 합리적인 동정심을 발휘한다. 테세우스는 기사들의 행동이 불합리해 보일 수 있지만 그도 역시 사랑의 노예가 되었던 적이 있기 때문에 그들을 이해한다. 아싸이트는 한탄하면서 자신의 행운을 알아보지 못하고 주로 신체적인 문제에 관해 자세히 설명한다. 팔라몬은 범죄의 대가로 자기와 아싸이트를 처형해 달라고 요구하며 기사도에 따라 살겠다는 (그리고 죽겠다는) 의지를 분명히 밝힌다.

　이 구절은 또한 중세 사회가 중시한 몇 가지 전통과 풍속을 강조한다. 예를 들어 아싸이트가 아테네로 돌아갈 때 단 한 명의 '시종을 제외하면 오로지 혼자'였다. '오로지 혼자'란 조건은 중세 사회의 여건에서 볼 때 중요하다. 중요한 인물은 오로지 혼자 여행하지 않는다(화자인 기사가 일행과 함께 여행하는 것이 사회적으로 중요하다고 되풀이하여 말하는 사실에 주목할 것). 테세우스가 아싸이트의 '고독'을 딱하게 여겨 '동료'로 받아들임으로써 아싸이트와 에밀리가 가까워진다.

중세 사회의 또 다른 주요 전통은 기사도의 목적과 형식이다. 이 규범은 적절한 행동양식을 규정할 뿐만 아니라 사람들 사이의 적절한 상호행동도 규제한다. 이상적인 기사도에 따라야 할 두 기사가 짐승처럼(두 사람은 사자, 호랑이, 곰, 멧돼지에 비교된다.) 싸우는 것은 기사의 이상에서 얼마나 멀리 추락했는지 보여준다. 테세우스는 결투를 중단시키고 불법적인 결투의식을 질책하면서 그 대안을 제시함으로써 행동양식과 사회적 양식을 다시 복원시킨다. 두 기사에게 1년 뒤 각각 100명씩의 기사들을 거느리고 공식적인 결전을 벌이도록 한 것이다.

그에 덧붙여 이 구절은 중세 문화에서 남자와 여자의 역할을 분명히 보여준다. 여자들은 남자의 힘과 지혜와 열정에 호소하고 의존하며 그것을 당연하게 받아들인다. 남자는 지배적이고 질서를 유지하며 다른 모든 감정보다 이성을 앞세워야 한다. 따라서 여자들이 테세우스에게 두 기사들에 대한 자비를 간청하고 테세우스가 이를 받아들이는 상황이 일어나는 것이다. 또한 누가 에밀리의 손을 잡을 것인가에 관한 결정 역시 에밀리가 아닌 남자의 선택이다.

문학적 장치 **제3부:** 제단과 경기장 및 장황한 축제에 관한 묘사는 오늘날 독자에게는 지루하지만 당시 청중에게는 대단히 큰 호소력을 발휘했다. 이런 설명이 이상적이고 질서가 잡힌 사회의 관념을 강화하기 때문이다. 축제의 묘사는 왕이 신하들을 공정하게 통치하는 사회를 보여준다. 제단의 설명은 신들이 사람들의 행동에 영향을 미치고 간청에 답한다는 면에서 여전히 위력을 발휘한다는 것을 암시한다. 경기장은 질서 정연한 사회의 구조를 상징한다.

주역 세 사람의 기도는 개인적인 성격과 일치한다.

● 팔라몬에게는 오직 사랑뿐이다. 그는 비너스에게 무술시합의 승리나 명성을 청하지 않는다. 오직 에밀리를 얻거나 그렇지 않으면 아싸이트의 창에 죽게 해달라고 기도한다.

● 다이애나의 제단 앞에서 기도하는 에밀리는 첫째 자신의 순결이 지켜지도록 빌고, 그 소원이 실현되지 않을 경우 자기를 가장 사랑하는 기사가 이기도록 해달라고 기도한다.

● 아싸이트는 전쟁의 신 마르스에게 승리를 안겨달라고 기도한다. 그는 오직 힘만이 에밀리의 사랑을 얻을 수 있다고 믿는다.

인물탐색 **제4부:** 여기서 화자인 기사는 연회와 정교한 경기장 장식 및 장례식과 관련된 의식을 설명하면서 이야기의 방향을 돌린다. 기사도의 기초가 되는 형식과 의식, 그리고 행동규범을 특히 강조하는 이런 유형의 화려함과 장엄함은 기사와 같이 지체 높은 인물에게 호소력을 갖는다.

이 이야기에서 기사(혹은 초서)는 남자들의 생활이 우연처럼 보이는 것에 영향을 받는 듯하지만 사실은 외견상 우연인 듯한 사건들을 통제하는 하느님의 영향을 받는다는 것을 암시한다. 이야기 초반에 등장하는 여자들은 가혹한 운명을 슬퍼한다. 에밀리는 우연히 감옥 밑을 산책한다. 나중에 다시 우연히 페로테우스 공작이 아싸이트를 알아본다. 아싸이트는 에밀리에게 고용되고 나중에 팔라몬을 만난다. 다시 우연에 의해 테세우스는 아싸이트와 팔라몬이 결투하는 동일한 줄거리에 놓이게 된다. 끝으로 우연의 신(행운 혹은 운명)은 이야기가 어떻게 풀릴 것인지 결정한다. 그러므로 우주는 처음에 예상된 것처럼 불분명하고 무질서한 것이 아니다. 우주의 모든 행동 뒤에는 인간이 그것을 이해하지 못할지라도 논리나 혹은 통제 목적이 존재한다.

주제 탐색 '기사의 이야기'에서 중심 요소는, 한 사람의 전체 영혼을 이루는 요소들의 올바른 배열에 대한 관심, 즉 본질적으로 정의에 대한 관심이다. 자신의 감정과 이성을 통제하는 사람은 남녀를 불문하고 타인을 대할 때 명예롭게 행동한다. 예를 들면, 이야기 초반에 팔라몬과 아싸이트는 모두 희망 없는 사랑을 하게 된다. 그리고 그녀에 대한 두 사람의 사랑이 그들을 통제한다. 그런 감정의 혼란 상태에서 두 사람은 이성적으로 생각하지 못하며 적개심이 뒤를 잇는다. 올바른 이성과 정의의 상징인 테세우스가 두 기사의 결투에 개입한 뒤에야 정의와 동의어인 이성이 다시 제자리를 찾는다. 팔라몬과 아싸이트가 비록 역설적이기는 하지만 각자의 추구에 대한 보상을 받는 것에도 주목할 필요가 있다. 팔라몬은 에밀리의 사랑을 얻지만 아싸이트와의 무술시합에서 패한다. 아싸이트는 승리하지만 생명과 에밀리를 잃는다. 이런 살상행위의 결과로 정의가 다시 회복되고 남자들은 각기 요청한 것을 얻는다. 다음에 나오는 두 가지 이야기(방앗간 주인과 장원 청지기의 이야기)는 이런 주제들을 비속하거나 저속한 차원에서 다시 전개한다.

방앗간 주인의 서언과 이야기

줄거리 밀회와 음란한 장난

　'기사의 이야기'가 끝나자 주인은 수도승에게 '기사의 이야기'에 필적하는 고귀한 목적을 지닌 이야기를 해달라고 한다. 그러나 만취한 방앗간 주인이 목수에 관한 이야기를 하겠다고 나선다. 장원 청지기인 오스월드는 과거에 목수였기 때문에 방앗간 주인의 제안에 반대한다. 이어 초서는 방앗간 주인의 이야기가 다소 속될지 모르지만 상이 걸려 있기 때문에 무슨 이야기든 해야 한다고 독자에게 주의를 환기시킨다. 이리하여 방앗간 주인이 이야기를 시작한다.

　앨리슨이란 18세 처녀와 결혼한 늙은 목수 존은 질투가 매우 심하다. 그는 점성술을 공부하는 젊은 대학생 니콜라스에게 방을 세놓는다. 사람들은 대학생이 소나기나 가뭄을 예측하는 능력을 가진 것으로 생각한다. 오래지 않아 앨리슨을 사랑하게 된 니콜라스는 어느 날 그녀의 사타구니를 움켜잡고 "나를 당장 사랑해 주지 않으면 죽을 거예요"라고 소리친다. 앨리슨은 처음에 저항하지만 오래 버티지 못하고 대학생에게 넘어가 함께 질투가 강한 남편을 속일 계책을 세운다.

　앨리슨에게는 또 한 명의 구애자가 있다. 교회에서 향불을 흔드는, 여자처럼 나약한 압살론이란 사람이다. 대단히 고상한 체하며 성미가 까다로운 압살론은 사람들이 남 앞에서 방귀뀌는 것을 참지 못한다. 압살론이 그녀의 침실 밖에서 세레나데를 부르며 감정을 표시하지만 앨리슨은

그를 매우 성가신 존재로 생각하고 오직 니콜라스에게만 관심을 기울인다. 니콜라스는 밤에 존을 집 밖으로 끌어내기 위해 교묘한 계획을 세운다.

니콜라스는 성경에서 노아에게 일어나는 것과 같은 홍수가 곧 마을에 닥칠 것이며 살아남기 위해서는 보트 비슷한 통을 3개 뗏목에 묶고 통 안에 식량을 저장해야 한다고 존을 설득한다. 존은 니콜라스의 충고에 따른다. 예보된 홍수가 일어나기 전날 저녁 목수 존과 아내 앨리슨, 앨리슨의 정부 니콜라스 3명은 배 안으로 올라간다. 목수가 잠들자 앨리슨과 니콜라스는 재빨리 앨리슨의 침대로 내려와 밤이 새도록 사랑을 나눈다.

그날 밤 늦게 압살론은 목수가 집에 없는 것을 알아차리고 앨리슨의 창문으로 간다. 그녀의 방에 접근하는 것을 거부당한 압살론은 한 차례의 키스를 간청한다. 성가신 성직자가 소란을 피워 이웃사람들을 깨울까 두려워한 앨리슨은 키스하는 데 동의하고는 입 대신 창문 밖으로 궁둥이를 내민다. 성미가 까다로운 압살론이 "그녀의 벗은 궁둥이에 가장 맛좋게 입을 맞추었다." 압살론은 떠나면서 젊은 연인들이 비웃는 소리를 듣는다.

상사병을 고친 압살론은 대장장이로부터 새빨갛게 달아오른 쇠부지깽이를 빌려 앨리슨의 창문으로 돌아와 그녀에게 금반지를 주려고 왔다고 말한다. "한 번 더 키스해 주면 이것을 당신에게 주겠소." 그러나 앨리슨이 압살론에게 한 행동보다 한 술 더 뜨려는 니콜라스가 대신 창문을 열고 '그의 궁둥이를… 완전히 내밀고…' 압살론의 얼굴에 대고 방귀를 뀐다. 압살론은 재빨리 자세를 가다듬고 빨갛게 단 쇠부지깽이로 니콜라스의 궁둥이 한가운데를 찌른다.

니콜라스가 "물, 사람 살려! 물, 물!"이라고 소리를 치자 존이 깜짝 놀라 잠을 깬다. 홍수가 닥친 것으로 생각한 존은 배를 매단 밧줄을 끊고 마루 위로 떨어진다. 이 모든 소동에 이웃사람들이 급히 달려왔다가 존의 홍수 얘기를 듣고는 미친 짓을 비웃는다.

: 풀어보기

이 이야기는 초서가 쓴 작품 가운데서 가장 재미있는 일화이며, 여러 세기에 걸쳐 유머 문학 독자들에게 인기가 높다. 초서는 '방앗간 주인 이야기'의 원전을 인용하지 않았으나 줄거리의 윤곽은 가장 흔하고 저속한 민담 가운데 하나에 속한다. 색을 밝히는 어린 처녀와 결혼한 부자 노인 이야기는 과거나 현재의 서구 문학에서 일관된 외설 유머의 원천이 되고 있다. 이 이야기는 희극적인 부조화와 성격 설정의 탁월한 활용, 그리고 매우 깔끔한 구성 등, 초서의 손질을 통해 문학성이 크게 향상되었다.

문체탐색 이 이야기에는 부조화가 여러 개 포함되어 있다. 일부 구절들을 이해하려면 중세의 여러 전통과 더불어 중세 자체에 대한 충분한 지식이 필요하다.

직설적이고 대담하며 속물적인 니콜라스의 갖가지 행동과, 자신보다 지위가 훨씬 높은 귀부인에 대한 사랑 때문에 고뇌하는 세련된 달변가나 구사할 법한 발언 사이의 대비 속에 부조화가 존재한다. (이런 부조화는 현대 영어 번역문 속에서는 그 맛이 살지 않는다.)

더욱 뚜렷한 부조화의 사례는 창문에서 만난 압살론과 앨리슨이 연출하는 장면이다. 교회에서 향불을 흔드는 압살론은 향기롭고 이국적이며 육감적인 냄새에 친숙하다. 또한 여자처럼 나약하고 섬세하며 성미가 까다롭다. 그러나 앨리슨이 입을 맞추라고 '궁둥이'를 내밀면서 압살론은 극도의 치욕을 당하게 된다.

문체 탐색 앨리슨의 성격 설정이나 묘사는 어떤 순진하고 명랑쾌활한 동물과 동일시하는 구체적인 설명으로 가득하다. 예를 들어 족제비의 유연성과 수양(여기서는 늙은 양)의 털의 부드러움, 헛간 위에서 지저귀는 제비의 노래 등이 그것이다. 그녀가 속임수를 쓴 다음 압살론이 느낀 반감에 대한 그녀의 반응 또한 마찬가지로 쾌활한 성격에 의해 뒷받침된다. 그녀는 저속한 속임수를 매우 순진하게 즐거워한다.

　　이야기의 깔끔한 전개는 줄거리의 희극적인 요소를 훨씬 능가한다. 중세의 관점에서 볼 때 노아의 홍수는 사람들이 육욕적으로 변했기 때문에 닥친 것이다. 고대 사람들은 성적으로 문란하고 타락했다. 방앗간 주인의 이야기에서 똑같은 죄가 우스꽝스러운 재앙을 부른다. 이 이야기에서 등장인물들의 직업은 우스꽝스럽게도 잘 맞아떨어진다. 먼저, 목수란 직업은 늙은 존이 통들(방주들)을 만드는 것이 이상할 게 없기 때문에 적절하다. 둘째, 중세의 목수 길드는 신비극*의 하나로 노아 연극을 공연하는 것이 일반적이었기 때문에 역시 적절하다. 뿐만 아니라 목수의 이름인 존은 성 요한의 계시록을 암시한다.

---

* **신비극**(mystery play): 중세 유럽에서 생겨난 종교극 가운데 하나. 교회 안에서 라틴어로 공연되던 기적극(miracle play)은 세속적인 사상이나 희극적인 요소가 점점 늘어나면서 교회 밖으로 밀려나게 되었다. 이것을 길드 조합이 받아들여 공연하게 되었는데, 그래서 직업인을 뜻하는 'mystere'가 붙여진 것이다.

서생이자 점성술사인 니콜라스의 직업은 목수를 속일 수 있는 위치이기 때문에 깔끔하게 부합된다. 그러나 점성술은 엄격한 정통기독교의 관점에서 볼 때, 인간이 알아야 할 것 이상을 알려고 시도함으로써 하느님의 직분을 찬탈하는 것이기 때문에 아주 나쁜 죄악이다. 존처럼 니콜라스의 이름도 의미심장하다. 이 이야기에서 니콜라스는 목수의 집에 세든 하숙자다. 중세 연극에서 성 니콜라스는 주인의 사악한 의도를 좌절시키고 악행을 선으로 갚는 신비한 손님이었다. 그러나 방앗간 주인 이야기의 니콜라스는 선을 악으로 갚는다.

압살론은, 용모가 아름답고 아버지의 사랑을 받지만 아버지에게 불충한 다윗 왕의 아들 이름과 같다. 향을 흔드는 직업 또한 희극적으로 적절하다. 앞서 지적한 바와 같이 압살론은 '방귀에 까다롭게 구는' 사람이고, 입안에 향수를 뿌리며 매력적으로 보이려고 노력하는 사람이다. 그가 '여자의 궁둥이'에 키스하기 앞서 입 안에 향수를 뿌리는 행동은 부조화의 극치이며, 전혀 어울리지 않는 행위다.

주제탐색 이 이야기에 대한 보편적인 현대적 접근법이나 해석방법은 종말론(사후세계에 대한 관심)과 분변학(배설물 혹은 이 세상의 외설에 대한 집착)의 측면에서 이루어진다. 일반적으로 중세 사람들의 특정한 목표나 신학적 노력들 가운데 하나는 천국의 보상을 기대하며 이 지상의 유혹 받는 생활을 통과해 살아남는 것이었다.

반면에 우리는 별들과 천문현상을 해석함으로써 천상의 문제 연구가 가능한 점성술 학도 니콜라스를 만나게 된다. 그러나 그는 앨리슨의 육체를 탐하고, 둘이서 그녀의 남편을 속일 수 있는 방법의 연구에 몰두한다. 그의 속임수는 천문현상 혹은 종말론적 현상과 결부된다. 두 사람은 하늘의 별들이 새로운 홍수가 닥칠 것을 계시했다고 존을 납득시킨다. 그리고 유일하게 구원받은 가족이 노아의 가족이었던 것처럼 늙은 존은 세 사람을 위해 방주를 만들게 된다. 목수 길드는, 노아를 실수투성이의 광대로 극중에서 묘사했기 때문에 이러한 행위 하나만으로도 초서의 관객에게는 우스꽝스러워 보일 것이다. 극중에서 노아는 밭농사를 팽개치고 의무를 태만히 하며 쓸데없는 배를 만드는 데 시간을 낭비한다고 이웃사람들에게 조롱을 받았다. 이야기 속의 존도 마찬가지로 이웃사람들의 조롱을 받는다.

완성된 방주들은 뗏목에 동여매지고(즉 방주들은 하늘과 땅 사이에 매달린다.) 존이 천국행 방주 안에서 자고 있는 동안 앨리슨과 니콜라스는 지상으로 내려와 밀회를 즐긴다. 이어 그들이 압살론을 속여 그의 얼굴에 방귀를 뀌는 장면에서 분변학이 등장한다. 압살론이 다시 한 번 키스를 하고 싶어 돌아오자 니콜라스가 궁둥이를 내밀 때 분변학이 되풀이된다. 화상을 입은 니콜라스는 물을 달라고 소리를 치고, 이로 인해 늙은 존이 천국행 방주의 밧줄을 잘라 지상의 생활 속으로 추락한다.

문체
탐색 하나의 이야기는 종종 다른 이야기와의 관계 속에서
제시되는 점을 독자는 기억해야 한다. 이번 이야기를
시작할 때 우리는 그러한 관계를 가장 분명하게 본다. '기사
의 이야기'와 '방앗간 주인의 이야기'는 삼각관계와 결부된다.
두 남자가 동일한 여자의 사랑(혹은 소유)을 구하는 두 이야
기에서 여자는 다소 수동적인 방관자로 머무는 데 비해 남자
들은 그녀를 차지하기 위해 노력한다. 뿐만 아니라 두 이야기
는 정의와 불의 혹은 인과응보를 다루고 있다. 목수는 질투와
주의성에도 불구하고 그의 아내는 다른 남자와 '성관계를 하
며', 추락사고로 팔이 부러지고 마을 전체의 웃음거리가 된다.
일을 꾸민 니콜라스는 성직자의 꾀에 넘어가 '궁둥이에 심한
화상'을 입게 되고, 여자처럼 나약한 성직자는 한때 우상화했
던 여자의 궁둥이에 키스를 함으로써 모욕을 당한다. 그러므
로 압살론으로서는 우상화(종말론)에서부터 궁둥이 키스(분
변학)로 가는 완전한 여행을 한다.

장원 청지기의 서언과 이야기

:줄거리 남편의 절도와 아내의 외도

'방앗간 주인의 이야기'를 싫어하는 유일한 순례자는 장원 청지기인 오스월드다. 그는 과거에 목수로 일했기 때문에 이 이야기를 개인적인 모욕으로 받아들인다. 그는 방앗간 주인에게 앙갚음을 하겠다고 말하고 실천에 옮긴다.

대학교 부근에서 방앗간을 하는 부정직한 방앗간 주인은 손님들이 가루를 만들려고 가져오는 옥수수와 곡식을 훔친다. 어느 날 대학교 식품 공급담당자(급사장)가 너무나 아파 방앗간 주인이 옥수수 빻는 것을 감시하러 갈 수 없게 된다. 급사장이 없는 틈을 타서 방앗간 주인은 터무니없이 많은 분량의 옥수수를 훔친다. 대학생인 존과 앨런은 방앗간 주인의 도둑질 소식에 분노하여 한 자루의 옥수수를 제분소에 가져가 가루로 만들어오겠다고 자원한다. 제분소에 도착한 두 학생은 제분 과정을 지켜보겠다고 말한다. 학생들이 자신의 도둑질을 막으려 한다는 것을 눈치 챈 방앗간 주인은 학생들의 말들이 묶여 있는 밧줄을 풀어준다. 말이 없어진 것을 알아차린 존과 앨런은 말의 뒤를 쫓아가 어두워질 무렵에 가서야 말을 잡게 된다. 한편, 방앗간 주인은 자루의 가루 절반을 덜어내고 껍질로 채운다.

이미 날이 저물었으므로 학생들은 방앗간 주인에게 하룻밤을 재워달라고 청한다. 아내와 21세의 딸, 그리고 젖먹이 아들과 함께 사는 방앗간 주인은 그들의 청을 받아들인다. 집이 작기 때문에 그들은 모두 같은 방에서 각각 다른 침대를 사용한다. 존과 앨런이 한 침대를 쓰고, 방앗간 주인과 그의 아내가 또 다른 침대를 쓰며, 부부의 침대 옆에는 아기 요람이 놓여 있다. 딸은 세 번째 침대를 사용한다.

방앗간 주인과 그의 가족이 잠들어 있는 동안 두 학생은 보복할 궁리를 한다. 갑자기 앨런이 딸을 언급하며 '저 매춘부'와 동침하겠다고 선언한다. 그의 논리는 "사람이 고통을 받을 때가 있으면 고통을 덜 때도 온다"는 것이다. 존은 침대에 누운 채 자신의 처지를 한탄한다. 밤을 홀로 보내지 않겠다고 결심한 존은 일어나서 아기와 요람을 자기 침대 옆으로 조용히 옮겨놓는다. 이 즈음 방앗간 주인의 아내가 일어나 용변을 본다. 침대로 돌아온 아내는 더듬더듬 아기 요람을 찾는다. 이제 요람은 존의 침대 옆에 있다. 이것을 자기 침대라고 생각한 방앗간 주인의 아내는 존의 옆

으로 올라오고 존은 즉각 '그녀를 덮쳐 섹스를 한다'.

새벽이 되자 앨런은 딸에게 작별인사를 하고, 딸은 도둑질당한 옥수수가루가 있는 곳을 알려준다. 존을 깨우러 간 앨런은 요람을 보고는 자신이 다른 침대를 찾은 것으로 생각하고 방앗간 주인의 침대 안으로 뛰어든다. 거기서 앨런은 상대가 존이라고 생각하고, 딸과 세 차례 섹스를 했다고 이야기한다. "짧은 밤사이에 방앗간 주인 딸하고 그걸 세 번 했어." 크게 화가 난 방앗간 주인이 침대에서 일어난다. 학생들 가운데 한 사람이 욕을 하는 것으로 생각한 방앗간 주인의 아내가 몽둥이를 집어 들고 남편을 때려눕힌다. 앨런과 존은 옥수수가루를 가지고 방앗간 주인의 집에서 도망친다.

:풀어보기

어떤 이야기가 종종 다른 이야기에 대한 보복으로 언급된다는 점을 독자는 유의해야 한다. 그러므로 장원 청지기가 방앗간 주인의 목수 이야기에 화가 났기 때문에 방앗간 주인을 조롱하고 그가 대학생들에게 당하는 이야기를 하게 되는 것이다.

문체 탐색 두 이야기는 모두 가정 내부에서 벌어진 유혹을 다룬다. '방앗간 주인의 이야기'에서는 젊은 아내만이 유혹을 당한다. 그러나 '장원 청지기의 이야기'에서는 딸과 아내가 모두 대학생들과 성관계를 맺는다. '방앗간 주인의 이야기'에서처럼 대략적인 정의가 실현된다. 방앗간 주인은 대학생들을 속이려는 의도를 가지고 있으며, 자신의 작은 침실에서 호텔처럼 지내도록 노력하라고 말할 때에는 교육을 조롱하는 것이다. 밤사이 대학생들은 실제로 그의 집을 일종의 호텔(매춘굴)로 만들어놓는다. 뿐만 아니라 이 이야기에는 몇 가지 뛰어난 중세의 언어유희가 포함되어 있다. 존과 앨런은 섹스를 암시하는 곡식 빻기에 관해 언급한다. '빻는다' 혹은 '옥수수를 탄다'는 말은 14세기 런던에서 섹스를 의미하는 일반적인 언어였다. (바스의 여장부 역시 이야기 서문에서 빵과 빻기에 관해 말한다).

인물탐색 '방앗간 주인의 이야기'와 '장원 청지기의 이야기'의 성격은 두 화자가 지닌 개성의 차이점을 몇 가지 드러낸다. 서언에서 장원 청지기는 '화를 잘 내는 마른 노인'으로 묘사되며, 원한이 가득하고 '방앗간 주인의 이야기'보다 재미가 떨어지는 이야기를 한다. 그의 이야기가 재미가 떨어지는 부분적인 이유는 방앗간 주인이 수다스럽고 쾌활하기 때문이다.

요리사의 서언과 이야기

:줄거리 미완의 건달 이야기

런던의 요리사인 로저는 '장원 청지기의 이야기'를 듣고 즐거워하며, 대학생들을 속이려 들고 그들의 교육을 조롱한 나쁜 방앗간 주인이 된맛을 본 것으로 생각한다. 요리사는 활기 넘치는 이야기를 하겠다고 약속하고, 주인은 요리사가 일행에게 팔아먹은 모든 저질 음식을 보상하려면 아주 좋은 이야기를 해야 한다고 상기시킨다.

퍼킨 레블러란 견습요리사가 런던에서 일을 한다. 그는 춤과 노래, 도박, 폭음 등 모든 종류의 악행을 즐긴다. 주인에게 해고당한 청년은 밤낮으로 자유분방하게 놀고, 자신처럼 타락한 다른 청년과 의기투합해서 침대와 소지품을 들고 그 청년의 집으로 들어간다. 그 청년의 아내는 청년의 의문스러운 각종 행동을 위장하는 상점을 운영하고 있다.

:풀어보기

'요리사의 이야기' 서언에서 주인은 요리사가 순례자들에게 판매한 형편없어 보이는 모든 요리에 대해 질책한다. 그러나 이 이야기는 앞의 화자들 이야기를 되받는 목적을 지니고 있다. 요리사는 서언의 끝에서 선술집 주인에 관한 이야기를 하겠다고 제안하지만 순례를 마치고 돌아올 때까지 기다리기로 결정한다. 이 결정은 순례자들이 캔터베리에 갈 때와 올 때 이야기를 하도록 한다는 초서의 당초 계획과 부합된다.

초서가 끝내지도 않고 삭제하지도 않은 이 이야기의 단편적인 일부는 젊은 퍼킨 레블러에게 무슨 일이 일어났는지 정확히 예측할 수 있을 정도로 충분하지 않다. 그러나 그가 급속히 죄악에 빠져들었다는 표시는 몇 가지 제시된다. 앞서 나온 몇 가지 암시에 따르면 이 미완의 이야기는 전반적으로 방앗간 주인과 장원 청지기 유형의 이야기이며, 인간 영혼의 완전한 타락을 다루는 것으로 보인다. 더 이상의 언급은 순전한 추측에 불과할 것이다.

법률가의 서언과 이야기

 기독교 신앙의 화신, 콘스탄스

'법률가의 이야기' 서언에서 주인은 오전이 빨리 지나가고 있다는 것을 지적한다. 그는 법률가를 돌아보며 알고 있는 최상의 법률용어를 써가면서 어서 계약을 이행하여 채무로부터 벗어나라고 권한다. 법률가는 초서가 이미 세상에 떠도는 거의 모든 이야기를 썼기 때문에 더 이상 이야기할 것이 없다고 항의한다. 또 자기는 압운을 사용할 뜻이 없고, 알기 쉽게 말하는 사람이라고 밝힌다. 법률가는 오래 전에 어느 상인으로부터 들은 이야기를 소개한다. 따라서 이 이야기는 상인들에 관한 일화다.

한 무리의 시리아 상인들이 로마에 머물고 있을 때 황제의 딸 콘스탄스에 관한 소문을 듣게 된다. 콘스탄스는 미와 선, 그리고 정직의 화신이다. 시리아에 돌아온 상인들은 자기네 모험담을 시리아의 젊은 군주 술탄에게 이야기한다. 술탄은 콘스탄스 이야기에 유달리 매혹된다. 그는 콘스탄스를 아내로 맞기로 결정하고 기독교 황제가 회교국과의 동맹을 원하지 않을 것이기 때문에 세례를 받는다. "나는 콘스탄스를 잃기보다는 세례를 받겠다"고 말한 그는 신하들에게도 개종할 것을 지시한다.

결혼 준비가 이루어지고 가족과 친구, 그리고 로마를 떠나게 된 콘스탄스는 절망적인 심정을 느낀다. 그러나 의무감이 강하고 성실한 그녀는 "우리의 구원을 위해 죽은 예수 그리스도여, 원하시는 목적을 달성할 수 있는 힘을 저에게 주옵소서"라고 기도하며 여행길에 오른다. 한편, 외국

여자 때문에 종교를 포기하기보다는 차라리 죽기를 원하는 술탄의 어머니는 그녀의 신하들과 더불어 결혼피로연까지 새 종교를 받아들이는 것처럼 가장하고 있다가 피로연 때 기독교도들을 공격해 살해할 준비를 한다.

결혼식에 뒤이어 축하피로연이 벌어지자 술탄의 어머니와 함께 음모를 꾸민 사악한 일당이 기독교도들을 습격해 술탄을 포함한 모든 사람을 살해한다. 콘스탄스는 죽음을 피해 달아나 식량이 넉넉히 준비된 배를 타고 바다로 나간다. 배는 '1년과 하루' 동안 바다 위를 떠돌다가 노섬벌랜드 섬 북부에 도착한다. 그곳을 다스리는 고관 부부가 콘스탄스를 발견하고 자기 집으로 데려간다. 노섬벌랜드는 이교도의 땅이기 때문에 콘스탄스는 신앙을 비밀에 부친다. 그러나 고관의 아내 헤르멘길드가 기독교도로 개종하고, 장관 역시 헤르멘길드와 콘스탄스가 기적을 행하는 것을 보고 개종한다.

어느 젊은 기사가 콘스탄스를 보고 욕정을 품게 된다. 콘스탄스에게 구애했다가 거절당한 그는 사탄의 조종을 받아 헤르멘길드의 목을 베고 살인 무기를 콘스탄스의 침대에 놓아둔다. 고관은 콘스탄스를 왕인 알라 앞으로 끌고 가고, 왕은 현명하고 단호하게 판결을 내린다. 왕은 콘스탄스에게 사형을 선고하는 한편, 기사에게 그녀가 죄인임을 성스러운 경전에 맹세하라고 명한다. 기사는 그녀의 유죄를 맹세하는 순간 급사하고, 왕이 그리스도의 사도를 불공정하게 재판했다는 목소리가 들려온다.

놀란 이교도들은 기독교로 개종한다. 얼마 후 알라 왕과 콘스탄스는 사랑하게 되어 결혼한다. 왕이 전쟁터에 나가 있는 동안 콘스탄스는 예쁜 아들을 낳는다. 그러나 왕의 어머니 도네길드는 사악하고 잔인하다. 그녀는 행복한 출산 소식이 담긴 왕비의 편지를 가로채고 왕자가 불구로 태어났다고 쓴 자기 편지로 바꿔친다. 왕은 답장에서 그 아이를 받아들이겠다고 말하지만 도네길드는 그것도 가로채고, 왕이 아이를 죽이기를 원한다는 거짓 내용의 답장을 왕비에게 전달한다. 경악한 콘스탄스는 아들과 함께 배를 타고 떠난다. 왕궁에 돌아온 알라 왕은 거짓 내용이 담긴 편지들을 발견하고 아내와 아들이 보이지 않는 것을 크게 슬퍼하며 도네길드를 처형한다.

한편, 콘스탄스의 아버지인 로마 황제는 기독교도들의 죽음에 관한 비극적인 소식을 듣고 보복하기 위해 시리아에 군대를 파견한다. 귀국하던 로마 병사들은 콘스탄스의 배를 발견한다. 콘스탄스가 누구인지 모르는 병사들은 그녀를 로마로 데려온다. 그러나 기억을 상실한 그녀는 조국을 알아보지 못하고 무명으로 살아간다.

깊이 상심한 알라 왕은 속죄를 하기 위해 로마로 순례여행을 떠난다. 그는 원로원의 한 의원과 함께 있다가 콘스탄스와 매우 닮은 아이를 보게 된다. 얼마 후 콘스탄스가 도착하던 상황에 관해 듣게 된 그는 그녀가 사는 곳으로 찾아가 거짓 편지들의 내용을 부인하고 모자에 대한 사랑을 확신시킨다. 기쁨 속에 재결합한 후 콘스탄스는 기적적으로 기억을 되찾아

황제 앞에 무릎을 꿇고 신분을 밝힌다. 알라와 콘스탄스는 노섬벌랜드로 돌아오고 1년 뒤 알라는 죽는다. 콘스탄스와 아들은 로마로 돌아오고, 아이는 할아버지가 죽자 황제가 된다.

법률가가 이야기를 마치자 주인은 방금 들은 이야기가 일류라고 말하고는 사제에게 이야기를 청한다. 그러나 사제는 주인의 선언에 모욕감을 느낀다. 주인은 이어 다소 풍자적인 어조로 사제를 '멋쟁이'와 '롤라드교도'라고 부른다. 선장이 두 사람의 대화에 끼어들어 철학에 관해 언급하지 않는 이야기를 하겠다고 말한다. 이번 이야기의 끝맺음은 다음 이야기가 선원 차례임을 암시하지만 초서는 이런 발상을 포기한다.

: 풀어보기

주제 탐색 '법률가의 이야기' 주제는 절개다. 이 용어는 중세 때 인내와 거의 호환되었다. 콘스탄스는 바스의 여장부와 정신적인 대비를 이룬다. 콘스탄스는 역경 속에서도 인내를 잃지 않고 하느님을 신뢰하는 모범사례다. 그녀는 또한 완전하고 변함없이 법에 대해 의무와 복종을 다하도록 가르친다. 그녀는 시리아로 시집가라는 명 때문에 울지만 하느님, 부모, 남편의 뜻으로 상징되는 합법적 권위에 반기를 들지 않는다.

'법률가의 이야기'의 초점은 기독교도의 지조에 따르는 권력과 안전이다. 중세적 의미에서 기독교적 지조는 하느님에 대한 굳건한 헌신과 속세에 대한 무관심이다. 이 시는 세상의 부 — 부유한 시리아 상인들과 술탄으로 상징된다 — 와 콘스탄스의 성격 속에 요약되는 정신의 부 사이의 대비로부터 시작된다. 그녀는 완벽하고 보편적이다. 그녀의 모습은 가난과 번영, 기쁨과 슬픔, 패배와 승리 속에서 묘사된다. 내세의 지복(至福)을 기대하는 기독교도 콘스탄스는 슬픔과 버려짐, 잔인한 운명을 포함하는 수많은 역경을 견뎌낸다. 그녀는 내세에서 보상받으리란 것을 알기 때문에 이 세상의 갖가지 유혹에 저항할 수 있다.

콘스탄스는 이야기 속에서 시종일관 기독교의 위대한 덕목인 겸손, 성실, 희망, 자선의 생활을 굳건히 지킨다. 그녀는 개연성이 희박한 여러 상황을 계속 겪지만 언제나 종국에는 기적적으로 구원을 받는다. 초서는 이러한 기적적인 사건들을 설명하려고 시도하지 않는다. 초서와 그의 관객은 그런 사건들을 즐겁게 받아들이는 듯이 보인다.

문제 탐색 초서가 법률가로 하여금 어째서 압운을 사용할 줄 모르는 척하도록 했는지 그 이유는 수수께끼다. "나는 평범한 산문으로 이야기하며 압운은 (초서에게) 맡긴다." 그러나 '법률가의 이야기'는 초서가 〈트로일러스와 크리세이드〉에서 사용하는 압운을 갖춘 7행 1연(聯)의 시 형식으로 이야기된다.

바스의 여장부의 서언과 이야기

 내 주장이 강해야 결혼이 행복하다

여장부가 이야기를 시작하기 앞서 서언에서 자기 생애와 경험에 관한 정보를 밝힌다. 바스의 여장부는 권위보다는 경험의 법칙을 항상 따른다는 사실을 언급하는 것으로 긴 서언을 시작한다. '교회 문'에서 다섯 명의 남편을 맞이한 바 있는 여장부는 전문가가 되기에 충분한 경험을 쌓았다. 그녀는 남편을 여럿 맞이한 것이 잘못이라고 생각하지 않으며, 예수가 우물가에서 만난, 남편이 다섯 명 있는 여자를 책망한 까닭을 이해하지 못한다. 대신 그녀는 '생육하고 번성하라'는 성경의 계명을 더 좋아한다.

여장부는 자신의 입장을 옹호하기 위해 수많은 아내를 거느렸던 솔로몬 왕과 성병이 걸리는 것보다 결혼하는 것이 좋다는 성 바울의 가르침을 인용한다. 성서 지식을 과시한 그녀는 하느님이 처녀의 순결을 지키라고 명령했다는 것을 증명해 보라고 사람들을 윽박지른다. 뿐만 아니라 성기는 기능적인 목적과 쾌락 모두를 위해 만들어졌다고 주장한다. 불감증에 걸린 수많은 여자들과 달리 그녀는 항상 남자가 원할 때마다 기꺼이 성관계를 맺는다.

이어 바스의 여장부는 전 남편들에 관한 이야기를 하고, 남편들을 휘두를 수 있었던 방법을 공개한다. 불행히도 그녀가 남편과의 관계에서 주도권을 잡으면 곧바로 남편이 죽는다. 그녀는 다섯 번째 남편을 휘어잡은 방법을 설명한다.

　　그녀는 네 번째 남편의 장례식 때 이미 존경하고 있던 잰킨이란 젊은 서생에게서 눈을 뗄 수가 없었다. 그 달이 끝날 무렵이면 잰킨보다 나이가 곱절이나 되지만 그와 결혼했다. 신혼이 끝나자마자 그녀는 잰킨이 책을 읽는 데만 몰두하는 것을 발견하고 마음이 불편했다. 잰킨은 특히 여자들을 헐뜯는 책을 전집으로 읽었다. 어느 날 밤 그는 이러한 책들 가운데서 한 권을 큰소리로 낭독하기 시작했다. 그 책은 이브의 이야기로 시작되었다. 그는 불성실한 여자들과 살인한 여자들, 창녀들에 관한 책들을 악착같이 찾아서 읽었다. 이런 이야기를 더 이상 참을 수 없게 된 바스의 여장부는 그 책을 움켜잡고 잰킨을 힘껏 갈겼다. 잰킨은 뒤로 넘어지며 난로의 불 속에 자빠졌다가 벌떡 일어나 주먹으로 그녀를 때렸다. 그녀는 마루에 쓰러져 죽은 체 했다. 그가 그녀에게 몸을 굽히자 그녀는 또 한 차례 그를 때리고는 다시 죽은 체 했다. 너무나 당황한 그는 그녀가 살아나기만 한다면 무엇이든 해주겠다고 약속했다. 그녀는 이런 방법으로 다섯 번째 남편을 휘어잡았다. 그날부터 남편이 죽는 날까지 그녀는 충실하고 성실한 아내가 되었다. 이어지는 그녀의 이야기는 행복한 결혼생활은 아내가 주도권을 가지는 것이란 그녀의 신념을 반복하는 것이다.

　　욕정을 이기지 못한 젊은 기사가 아서 왕의 궁정에서 아름답고 어린 처녀를 강간한다. 기사의 행동을 증오하는 사람들은 재판을 요구한다. 법률에는 기사가 참수형을 받도록 규정되어 있으나 왕비와 궁정의 귀부인들은 자기네가 기사의 운명을 결정하도록 허락해 달라고 간청한다. 왕비는 기사에게 1년의 기간을 주면서 여자들이 가장 원하는 것이 무엇인지 알아 오라고 명한다.

　　1년은 빨리 지나간다. 목숨을 부지하지 못할 것을 알고 낙담한 채 돌

아오던 기사는 뜻밖에 24명의 젊은 처녀들이 춤추고 노래하는 모습을 발견한다. 그가 가까이 다가가자 처녀들은 사라지고 추한 노파 한 사람만 남아 있다. 노파는 기사에게 다가와 무엇을 찾느냐고 묻는다. 기사가 자초지종을 설명하자 노파는 목숨을 구해 주는 대가로 자기 요구를 들어주면 올바른 답을 가르쳐주겠다고 약속한다. 기사는 동의한다. 왕비가 답을 요구하자 기사는 여자들이 원하는 것은 남편에 대한 주도권이라고 정답을 말한다.

노파는 정답을 알려주었으므로 기사에게 자신과 결혼해서 사랑해 달라고 요구한다. 기사는 고민 속에 동의한다. 결혼식 날 밤 그는 옆에 있는 구역질나는 여자를 거들떠보지도 않는다. 그녀가 이유를 묻자 기사는 그녀의 나이와 추한 모습, 그리고 비천한 신분이 싫다고 고백한다. 진정한 명문의 자질은 외모가 아니라 미덕에 좌우된다고 노파는 말한다. 만약 그녀가 아름답다면 수많은 남자들이 뒤를 따라다닐 것이다. 그러나 지금과 같은 상태에서는 기사는 미덕을 지닌 아내와 산다는 것을 확신할 수 있다. 그녀는 기사에게 한 가지 선택을 하라고 제안한다. 말인즉슨 그녀처럼 추한 노파지만 성실하고 진실하며 미덕을 갖춘 아내를 택할지, 위험부담이 있는 아름다운 여자를 택할지 고르라는 것이다. 기사는 그녀의 선택에 따르겠다고 말한다. '주도권을 잡았기' 때문에 그녀는 이렇게 말한다. "나에게 키스하세요… 그러면 내가 아름답고 성실한… 그런 아내란 사실을 알게 될 거예요." 그녀는 아름답고 젊은 여자가 되었으며, 그 후 두 사람은 행복하게 산다.

풀어보기

여장부의 서언이 이야기 자체보다 길다는 점이 독특하다. 바스의 여장부는 경험 대 권위에 관한 이론들의 근거를 설명하고 자기 이야기 속에서 강조하는 요점을 소개하기 위해 서언을 이용한다. 여자가 가장 바라는 것은 남편에 대한 완전한 장악('주도권')이다. 그녀는 다섯 남편과 살았기 때문에 경험을 바탕으로 권위를 가지고 이야기할 수 있다고 생각하며 서언에서 모든 남편과의 관계에서 주도권을 잡은 방법을 밝힌다.

초서의 시대에는 교회의 반 여성주의가 강력한 통제 요소였다. 여자들은 흔히 거의 괴물처럼 묘사되었다. 그들은 성적으로 만족할 줄 모르고 음탕하며 입버릇이 나쁜 것으로 그려졌다. 이런 이론들은 교회 당국이 후원했다. 여자들은 어떤 방식으로든 교회의 교리에 참여하는 것이 허용되지 않았다. 마찬가지로 재혼이 의심스러운 것으로 간주되었기 때문에 바스의 여장부는 성경에 밝혀진 하느님의 말씀을 세심하게 인용한다. 그리고 그녀의 성경 지식(비록 종종 혼동을 일으킴에도 불구하고)은 그녀가 생각이 모자라는 여자가 아니란 것을 보여준다. 예수가 우물가에서 만난, 다섯 남편을 가졌던 여자에게 했던 책망을 제외하면 한 차례 이상 결혼하는 것을 반대하는 제한규정을 성경 속에서 발견할 수 없다고 하면서, 예수의 이런 처사를 이해할 수 없다고 고백한다. 뿐만 아니라 초서의 시대에는 처녀의 순결을 지키는 것이 상당한 찬양을 받았다. 일부 성인들은 처녀의 순결을 상실하기보다 죽음을 택했거나 순결을 지키기 위해 필사적으로 투쟁하여 순교자로 알려졌기 때문에 성녀로 추대됐다.

성경 구절 인용을 마친 바스의 여장부는 상식에 호소한다. 만약 모두가 처녀로 남았다면 누가 더 많은 처녀들을 낳았겠느냐는 것이다. 그녀는 남녀의 성기가 생식뿐만 아니라 쾌락을 위해 사용되어야 한다는 더욱 기본적인 이론을 주장한다.

그녀는 자신이 성행위를 부끄러워하지 않고 즐기며 수다스러운 여자란 점을 시인한다. 이런 태도는 생식만을 위해 성행위가 정당화되었던 중세의 관점에 위배되는 것이다. 그녀는 또한 여자가 순종적이어야 하며, 특히 섹스 문제에서 그래야 한다는 보편적인 믿음도 거부한다.

인물탐색 여장부의 갖가지 주장이 모든 면에서 교회의 권위에 반발하고 있다는 사실과 그녀가 학문적인 주장보다는 경험을 선호한다는 사실을 기억해야 한다. 여장부의 서언에서 참으로 주목할 점은 그 시대의 사회적 관습이나 교회의 속박에 대한 그녀의 주장이 아니라 인간에 관한 그녀의 대단히 놀라운 묘사다. 그녀는 대단히 정력적이며 빼어나게 생기가 넘치고 민감하다. 다섯 명의 남편과 살면서 갖가지 역경을 겪은 후, 아름다움과 젊음을 잃었지만 그녀는 살아남았다. 다른 엄격한 순례자들에게 거부된 열정과 인생을 즐기는 힘을 가진 그녀는 자신이 변화시킬 수 없는 것은 즐기겠다는 의지를 갖고 있다.

문학적장치 '바스의 여장부의 이야기'는 지적인 개념을 설명하려고 이야기되는 소위 전문용어로 '본보기 일화'다. 이 경우에는 "여자가 가장 원하는 것이 무엇인가?"라는 질문에 대해 답을 찾는 것이다. 초서는 다른 원전들로부터 몇 가지 개념을 차용했지만 바스의 여장부를 소개하는 것과 여자들이 가장 원하는 것이 가정의 '주도권'이란 기본 명제에 맞도록 이야기를 개작했다. 일례로 초서는 젊은 남편에 대한 주도권을 잡고, 그 결과 부부가 오래도록 행복한 생활을 하게 되는 노파 이야기의 화자로서, 늙고 잔소리가 심한 여자(즉 자기보다 20년 연하의 남자와 얼마 전 결혼한 바스의 여장부)를 이용한다.

주제탐색 이 이야기에서는 시작부터 끝까지 전통적인 가치관과 주도권이 역전되거나 뒤집어진다. 이야기의 시작 부분에서 아서 왕은 귀네비어의 지배에 복종한다. (따라서 국가 지배권과 가정의 지배권 양자를 포기한다.) 남자들 대신 궁정의 귀부인들이 재판관 노릇을 한다. 그리고 서적과 성경의 권위가 경험에 자리를 내준다. 뿐만 아니라 젊은 처녀의 신성한 정조를 범한 강간범 기사는 다른 늙은 여자의 구원을 받는다. 끝으로 노파가 제시하는 선택 가운데서 기사는 어느 쪽도 받아들일 수 없다. 그러므로 기사는 노파에게 결정권을 넘길 때 여자의 지배에 복종하여 남자의 주권을 포기함으로써 중세의 세계관을 거꾸로 뒤집는다.

탁발 수사의 서언과 이야기

:줄거리 악마와 동업한 소환리

바스의 여장부가 이야기를 끝내자 탁발 수사는 권위와 성경에 관한 무거운 학문적 문제들이 합당한 권위자들에게 일임되지 않은 것은 아닌지 의아스럽다고 말하고, 소환리 이야기를 하겠다고 제의한다. 주인은 다른 이야기를 하라고 권고하지만 소환리가 두 사람의 대화에 끼어들어 탁발 수사가 무례한 이야기를 할 경우 자신도 똑같이 하겠다고 밝힌다. 실제로 탁발 수사가 들려주는 이야기는 무례한 내용이다.

교회 재판소를 주재하는 성직자인 부주교는 교구 주민들의 정보를 캐내기 위해 창녀들을 포함한 첩자들을 이용한다. 주민들에 관해 불미스러운 정보를 확보한 부주교는 죄인들과 신앙심이 없는 자들을 소환하여 가혹하게 헌금을 짜냄으로써, 죄인들의 이름이 악행을 저지른 자들의 명단에 들어가지 않도록 해준다.

부주교가 채용한 소환리는 부자와 빈자를 불문하고 공갈협박을 일삼는다. 어느 날 소환리는 공손한 청년 (장원의) 하급관리를 만난다. 자기들이 모두 집행관이란 것을 알게 된 두 사람은 죽는 날까지 의형제가 되기로 맹세한다. 그들은 자기네 희생자들로부터 돈을 착취하는 부당한 방법들을 공개하고 동업을 하기로 한다. 정보를 좀더 교환한 다음, 소환리가 하급관리에게 이름을 묻자 '악마이며 주소는 지옥'이라고 답한다. 소환리는 하급관리와 협력하기 위해 거래를 제안했고, 하급관리가 실제로 악마일지라도 그의 발언을 존중하겠다고 말한다. 두 사람은 거래에 합의하고 함께 여행을 시작한다.

　소환리와 악마는 진흙구덩이에 빠진 마차의 주인인 농부를 만난다. 자포자기한 농부는 마차와 말, 건초 등 모든 것을 가져가라고 악마에게 소리친다. 소환리는 농부의 말대로 하라고 악마에게 조르지만 악마는 농부의 본심에서 우러난 저주가 아니기 때문에 농부의 말대로 할 권한이 없다고 설명한다. 그 후 두 사람은 부유한 과부의 집으로 간다. 과부는 소환리에게 뇌물 주기를 거부한다. 소환리는 다시 돈을 요구한다. 과부는 다시 거부한다. 소환리가 새 프라이팬을 빼앗겠다고 협박하자 과부는 "악마가 당신과 프라이팬을 가져가라"고 소리친다. 악마는 과부의 말이 진심인지 묻는다. 여자는 소환리가 뉘우치지 않는 한, 진심이라고 했다. 소환리가 뉘우치기를 거부하자 악마는 그를 지옥으로 끌고 간다. 지옥에는 모든

소환리들이 수용되는 아주 특별한 장소가 있다. 탁발 수사는 소환리들이 언젠가 뉘우치고 착한 사람들이 되기를 희망한다는 말로 이야기를 끝낸다.

'탁발 수사의 이야기'와 '소환리의 이야기'는 모두 하나의 단위 속에 포함된다. 왜냐하면 탁발 수사는 부패한 소환리 이야기를 하고, 소환리는 부패한 탁발 수사 이야기를 하기 때문이다. 독자는 탁발 수사와 소환리 사이의 적대감에도 불구하고 각자 직업의 중요성과 정당성을 놓고 벌이는 보다 큰 싸움이란 점을 기억해야 한다.

문체 탐색 탁발 수사의 이야기는 깔끔하고 단순하지만 (부분적으로 탁발 수사의 지적인 단순성 때문에) 미묘한 점들을 풍부하게 지니고 있다. 예를 들어 초서는 바이올린 비슷한 '레베크(rebekke)'란 중세 단어와 '노파'를 의미하는 속어 '레베크(rebekke)'를 가지고 말장난을 한다. 이 단어는 또한 성서의 등장인물인 리브가(Rebecca, 이삭의 아내이며 야곱의 어머니)에 관한 말장난이기도 하다. 성경 이야기에 등장하는 리브가의 성스러운 물병이 수사의 이야기 속에서 우스꽝스러운 갈색 프라이팬에 반영되고 있다. 또 하나의 문학적 기법은 소환리와 악마가 '기도(pray)'에 대한 말장난인 희생물(prey)을 찾으러 나가는 일종의 역전기법이다. 물론 이야기의 중심적 역설은 교활한 소환리가 제 꾀에 넘어가 악마의 희생물이 되는 것이다.

주제
탐색 '탁발 수사의 이야기'는 바스의 여장부가 권위 문제를 논의하고(즉 남편과 아내의 주도권), 탁발 수사가 교회와 악마와의 관계 속에서 상대적인 권위를 다룸으로써 '탁발 수사의 이야기'와 '바스의 여장부 이야기'는 상호 연관된다. '바스의 여장부 이야기'에서 권위는 여자에게 주어지며, 이는 중세의 위계질서 관념에 어긋난다. 탁발 수사는 소환리의 상관인 부주교의 사악한 음모를 먼저 설명함으로써 권위란 주제를 계속 다룬다. 소환리 역시 부하들을 거느리고 창녀들과 도둑들을 첩자로 이용한다. 마찬가지로 악마도 자신의 먹이인 소환리의 영혼을 잡아야 할 의무를 더 높은 곳으로부터 부여받았기 때문에 또한 위계질서 안에 놓인다. 이어 농부와 건초 마차에 관한 일화 속에서 독자는 악마의 권한이 제한적이란 것을 알게 된다.

소환리의 서언과 이야기

 방귀를 선물 받는 탁발 수사

탁발 수사의 이야기를 들은 소환리는 화를 내며 탁발 수사들과 악마들은 항상 좋은 친구이기 때문에 탁발 수사가 근거가 확실한 이야기를 했다는 견해를 풍자적으로 밝힌다. 이어서 그는 과거에 지옥의 환상을 본 적이 있는 탁발 수사 이야기를 다른 순례자들에게 상기시킨다. 천사의 안내를 받아 지옥을 둘러본 그 탁발 수사는 단 한 명의 탁발 수사도 보지 못했다. 그가 모든 탁발 수사들이 은총을 입은 것이 아니냐고 큰소리로 말하자 천사는 악마에게 꼬리를 들어올리라고 말한다. 그러자 갑자기 2만 명의 탁발 수사들이 악마의 '궁둥이' 아래 우글거리는 모습이 드러난다. 탁발 수사 전반에 대한 견해를 밝힌 소환리는 특정한 탁발 수사에 대한 또 다른 모욕적인 이야기를 한다.

헌금을 모으러 다니는 어떤 탁발 수사가 교구민들이 주는 모든 금품에 대한 대가로 기도나 가능한 구원을 약속한다. 수도원으로 돌아온 탁발 수사는 약속한 기도를 곧 잊어버린다. 어느 날 그 탁발 수사가 부유하지만 교육을 못 받은 토머스 노인의 집으로 간다. 토머스는 오랫동안 병을 앓고 있다. 탁발 수사는 자신과 형제 탁발 수사들이 토머스를 위해 기도하고 있다고 납득시킨다.

토머스의 아내가 집에 들어오자 탁발 수사는 입을 맞추고 애무를 한다. 아내는 토머스가 매우 불쾌해 하니까 남편에게 분노에 관해 설교를

하라고 탁발 수사에게 청한다. 탁발 수사가 떠나기에 앞서 그녀는 최근에 그녀의 아기가 죽은 사실을 일깨워준다. 그와 다른 탁발 수사들이 아이가 천국으로 올라가는 것을 보았고, 자기네가 금식을 했다고 둘러대며 아기가 죽은 사실을 알고 있는 체 한다. 그는 그녀에게 금식의 미덕과 과식의 죄에 관해 장황하게 설교한다.

　이어 탁발 수사는 토머스에게 돌아서서 지나치게 부유해지는 것을 피해야 한다고 긴 설교를 시작한다. 그는 수도회가 매일 밤 토머스를 위해 기도를 올리고 있다고 하면서, 가진 금의 일부를 수도원에 헌납해야 한다고 납득시킨다. 실은, 전재산을 탁발 수사들에게 주어야 한다고 말한다. 이어 탁발 수사는 분노의 죄에 관해 설교하며 수많은 고전적 사례를 인용한다. 설교하는 동안 점점 화가 치밀어 오른 토머스는 다른 탁발 수사들과 나누어 갖겠다는 조건 하에 한 가지 선물을 주겠다고 말한다. 탁발 수사가 동의하자 토머스는 "당신 손을 내 궁둥이 밑에 넣으면 내가 감춰둔 물건을 반드시 찾게 될 것입니다"라고 말한다. 탁발 수사가 재빨리 노인의 궁둥이 사이로 손을 집어넣는 순간 노인이 방귀를 세게 뀐다.

몹시 화가 나고 역겨워진 탁발 수사는 토머스의 집을 나와 부유한 귀족에게 가서 자신이 겪은 모욕을 이야기한다. "나는 똑같이 나눌 수 없는 것을 나누라는 요청을 받았습니다." 귀족의 하인이 방귀를 똑같이 나누는 방법을 설명한다. 귀족 부부(수도승을 제외한 모든 사람)는 하인의 생각이 훌륭하다고 생각한다.

:풀어보기

탁발 수사와 소환리의 싸움에서 소환리의 지능에 탁발 수사의 공격이 가해진다. 개인적 차원에서 소환리의 반격은 탁발 수사가 헛소리를 지껄이는 바보처럼 보이도록 만든다. 사악한 '소환리 이야기'에 대해 보복을 가하기 위해 사악한 '탁발 수사 이야기'를 한다. 소환리의 이야기는 순례여행에 참가한 탁발 수사에 대한 소환리의 멸시를 드러낸다. 또 이야기 속 탁발 수사가 신봉하는 메시지가 신성모독적인 성격을 지니고 있다는 소환리의 신념도 나타낸다. 즉 탁발 수사가 기독교적 질서의 핵심을 뒤집는다는 것이다.

탁발 수사는 토머스의 집에 들어가 노인이 죽어가고 있다는 것을 알게 되자 교회에서 필요하다는 핑계를 대고 자기 금고를 채울 수 있는 절호의 기회로 본다. 그 과정에서 탁발 수사는 중세의 가장 끔직한 죄 가운데 하나를 저지른다. 즉 교회의 직무를 이용하여 사사로운 이익을 얻는 죄를 범하는 것이다. 실제로 탁발 수사라면 순수하고 선행을 펼치는 인물이 되어야 한다. 그러나 그는 자기 지위의 의미를 뒤집고 부패행위에 교회를 이용함으로써 사기와 부패의 주된 원천이 된다. 다시 탁발 수사의 위선과 독직(瀆職)이 뚜렷해지는 장면은 그가 토머스 부부의 죽은 아기와 토머스를 위해 기도한다고 다짐할 때다. 독자는 탁발 수사가 그런 기도를 올리지 않은 것을 직관적으로 알게 된다.

문학적 장치 '소환리의 이야기'의 구성상 특징은 탁발 수사가 옹호하는 것과 그가 설교하는 내용 사이의 역설적인 대비다. 탁발 수사는 고상한 것들을 소망하라고 설교하지만, 실제 그 자신은 음식과 이 세상의 금품에 욕심을 낸다. 금식과 과식에 관한 설교에 뒤이어 매우 음식을 탐하는 듯한 식사를 주문한다. 인내와 자제를 설교하지만 그 자신은 분노에 굴복한다. '마음의 가난'과 빈곤의 가치를 설교하면서 다른 탁발 수사들이 아닌 자기에게 돈을 달라고 노골적으로 청한다. 순수하고 품위를 지켜야 할 상황에서 토머스의 아내에게 입을 맞추고 애무를 하는 등 지나친 행동을 한다.

주제 탐색 '소환리의 이야기'에는 또한 갖가지 위선적 역설이 풍부하게 담겨 있다. 역설의 대다수는 종말론과 분변학 사이의 차이에 바탕을 두고 있다. 즉 내세에 대한 관심이 속세 생활의 갖가지 음란행위와 나란히 제시된다. 앞서 지적된 바와 같이('방앗간 주인의 이야기'에 대한 '풀어보기' 참조) 이 주제는 여기서 더욱 폭넓게 취급되고 훨씬 강한 희극적 힘을 발휘한다. 초서는 탁발 수사가 하느님과 대화할 수 있다는 주장에 대한 역설적 논평으로 방귀를 사용한다. 그리고 방귀는 천둥처럼 반응을 일으킨다. 탁발 수사가 다른 형제 수사들에게 그 방귀를 똑같이 나눠주어야 한다고 믿는 것은 그가 종말론보다는 분변학에 더 큰 관심을 기울인다는 것을 보여준다. 귀족 집에서 식사할 때 고기를 잘라 나눠주는 하인이 방귀를 분할하는 계획을 고안한 사람이란 점은 역설이다. 이는 탁발 수사와 그의 수도회가 이 세상의 각종 음란행위에 더 깊은 관심을 기울여 자신들을 포함한 사람들의 영혼 구원보다는 각종 사악한 행위에 더 큰 관심을 쏟는다는 관념을 강화시킨다.

서생의 서언과 이야기

 아내의 인내심을 시험하다

소환리가 이야기를 마친 후 주인은 옥스퍼드의 서생을 돌아보며 "우리가 출발한 이후 한 마디도 하지 않았습니다. 제발 기운을 내서 활기찬 이야기를 해주시오"라고 말한다. 서생은 동의하고, 이탈리아 파두아 출신의 매우 훌륭한 신사에게서 들은 이야기를 하겠다고 밝힌다.

제1부: 이탈리아 서부 해안지방에 월터라는 왕이 살았다. 그는 고귀하고 자비로우며 외모가 준수하고 힘이 센 청년이다. 월터는 자유를 사랑하고 결혼에 속박당하기를 거부한다. 신하들은 왕위계승자를 간절히 원한다. 어느 날 왕궁의 귀족 대표단이 월터에게 왕비를 구하라고 겸손하게 청한다. 왕은 그들의 청에 감명을 받아 결혼하기로 한다. 귀족들은 왕이 말을 뒤집지 못하게 하려고 결혼날짜를 정하자고 간청한다. 왕은 귀족들에게 택일을 위임하고 신부는 직접 고르기로 결정한다.

제2부: 결혼식 날이 되고 모든 준비가 끝난다. 아름답고 덕성스러운 그리셀다란 딸을 가진 매우 가난한 재니큘라가 왕궁 이웃에 살고 있다. 월터는 가끔 그녀를 보면서 미모를 흠모해 왔다. 결혼 직전에 월터가 재니큘라에게 딸을 달라고 간청하자 노인이 허락한다. 이어 월터는 그리셀다의 승낙을 얻는다. 월터는 두 사람의 결혼에 한 가지 조건을 단다. 그리셀다

에게 아무리 고통스럽더라도 그의 뜻에 기꺼이 따르겠다는 약속을 하라
는 것이다. 그리셀다는 이 조건에 동의하고 두 사람은 결혼한다. 얼마 후
그리셀다는 딸을 낳고, 왕궁은 이 경사를 크게 기뻐한다.

제3부: 공주가 아직 어릴 때 왕은 아내의 충성심에 대한 의심을 완전히
해소하기로 결심한다. 왕은 왕비에게 신하 가운데 한 사람이 얼마 후 공
주를 데리러 올 것이라고 말한다. 왕은 아이를 데려간다고 할지라도 자
기를 향한 왕비의 사랑에 변함이 없기를 바란다고 대답 한다. 그녀는 변

함이 없을 것이라고 대답한다. 신하가 와서 공주를 데려간다. 그리셀다는 거부 의사를 나타내는 말을 한 마디도 하지 않는다.

제4부: 4년이 지나가고 그리셀다는 아들을 낳는다. 월터는 다시 아내의 인내심과 정절을 시험하기로 결심한다. 월터는 아들이 두 살이 되었으므로 포기해야 한다고 아내에게 말한다. 그리셀다는 다시 그 소식을 참을성 있게 받아들이고 남편의 결정에 따른다. 딸이 열두 살이 되고 아들이 일곱 살이 되자 월터는 그리셀다에게 마지막 시험을 하기로 한다. 그는 그리셀다로부터 자유로워지고 다른 여자와의 결혼허가를 선언하는 교황의 칙령을 위조한다. 이어 왕은 아이들을 맡겨놓은 여동생에게 딸과 아들을 왕궁으로 데려오라고 명령한다. 이어 또 다른 결혼 준비가 진행된다.

제5부: 월터는 그리셀다를 불러 위조한 교황의 칙령을 보여주며 재혼하겠다는 뜻을 밝힌다. 그리셀다는 슬픈 마음으로 이 통보를 받아들인다. 그녀는 다시 커다란 인내심을 발휘하여 겸손한 태도로 남편의 결정에 따를 것이며 친정으로 돌아가겠다고 말한다. 뒤이어 그녀는 친정으로 돌아가고 아버지는 슬픈 마음으로 딸을 맞이한다.

제6부: 이런 시련을 겪는 동안 내내 그리셀다는 아름다운 어린 처녀의 결혼을 준비한다. 그녀는 처녀가 자기 딸이란 것을 알아차리지 못한다. 그러나 월터는 자신의 잔인한 행동을 더 이상 계속할 수가 없다. 그는 아름다운 처녀와 잘 생긴 소년이 자기들 자식이고, 볼로냐에서 사랑을 받으며 양육되었다는 사실을 그리셀다에게 고백한다. 그는 잔인한 시험들에 대해 그리셀다가 완벽하게 대처했으며, 그녀보다 더 인내심이 많고 변함없

는 여자는 찾을 수 없었다고 말한다. 두 사람은 여생을 행복하게 살고, 월터가 죽자 아들이 왕위를 계승한다.

'서생의 이야기' 결구(結句)에서 초서는 인내심 많은 그리셀다 같은 여자를 찾겠다는 희망 아래 자기 아내의 인내심을 시험하지 말 것을 모든 남자들에게 경고한다. "분명히 당신은 실패할 것이다." 이어 초서는 치체바체에게 먹히지 않을까 하는 두려움으로 입을 굳게 다무는 굴욕을 허용하지 말라고 모든 아내들에게 경고한다. 이어서 초서는 결코 도망가지 말고 항상 되받아 쏘는 애코(메아리)처럼 되라고 조언한다.

┇풀어보기

초서는 좋은 이야기를 하는 데 사용되는 기법들을 설명하기 위해 서생의 서언을 활용한다. 추상적이고 지루한 명상, 갖가지 죄에 관한 도덕적 설교, 고답적이고 웅변적인 미사여구는 사용하지 않고, 평이하고 직설적으로 표현하는 것이 그 기법이다. 서생은 '듣기 좋고 건전한 거짓 없는' 방식으로 이야기하기 때문에 지나치게 고답적이고 현학적인 양식을 사용하지 말라는 주인의 경고는 불필요하다.

서언에서 초서는 서생이 '필요 이상의 말을 결코 하지 않는다는 것'과 '즐겁게 배우고 즐겁게 가르치리란 것'을 독자에게 말해 준다. 그러므로 독자는 '서생의 이야기'가 모종의 윤리적 혹은 도덕적 교훈을 설파할 것으로 예상해야 한다. 그의 이야기는 이탈리아 시인이며 인도주의자인 프란시스 패트라르크(1303-74)의 작품으로 소개된다. 패트라르크는 유럽 전역에 알려져 있었으며 초서는 그의 작품을 존경했다.

독자는 '서생의 이야기'가 '바스의 여장부 이야기'의 결과로 제시되었다는 사실을 기억해야 한다. 따라서 서생은 반대 견해를 내포한 이야기를 들려준다. 즉 남편에게 완전히 순종하고 결코 인내심을 잃지 않으며 모든 역경 속에서도 변하지 않는 여자 이야기를 한다.

주제탐색 '서생의 이야기'는 사회적이고 개인적인 차원에서 중세적 인간관계를 느슨하고 폭넓게 다룬다. 우선 초점은 군주인 월터에게 맞춰진다. 그는 신하들의 요청에 따라 결혼에 동의한다. (훌륭한 군주의 징표 가운데 하나는 신하들의 행복에 관심을 기울이는 것이다.) 그는 시대의 엄격한 관습을 깨뜨리고 농민 처녀를 신부로 선택함으로써 사회적 금기를 위반한다. 그는 아내의 가치를 입증하기 위해 잔인하고 불필요하게 시험함으로써 인도적인 기준을 어긴다. 인내심이 많은 그리셀다 이야기를 할 때 서생의 가장 큰 관심사는 (순례자들에게 하는 그의 독백으로 판단할 때) 그리셀다의 초인에 가까운 인내심과 월터의 잔인한 시험을 대비하는 것이다.

그리셀다는 현대 독자에게 몇 가지 문제를 제기한다. 빈민에서 갑자기 신분이 높아져 궁궐의 부유한 환경 속에 놓인 농민 처녀가 '친절한 고결함'을 유지할 수 있을까? 여자가 이처럼 엄청난 인내심과 복종심을 발휘하는 것이 가능한가? 어머니가 실제로 단 한 차례 항의도 하지 않고 무고한 자녀들을 포기할 수 있는가? 많은 현대 독자들은 그리셀다를 상당히 불합리한 사람으로 간주한다. 따라서 초서의 묘사는 상상하기 어려운 내용이다.

월터의 성격은 다른 문제다. 그리셀다를 선택한 후 월터는 먼저 그리셀다의 아버지에게 자발적 동의를 요청한다. 그 뒤 처녀에게 동의를 청한다. 그가 마음만 먹으면 그리셀다를 간단히 차지할 수 있기 때문에 이런 행위는 바람직한 출발이다. 그럼에도 불구하고 월터는 이기적이고 제멋대로이며 이유 없이 잔인하고 오만하다. 그는 그리셀다를 잔인하게 다루는 데서 쾌락을 느끼는 듯이 보인다. 초서는 월터가 젊고 용모가 준수하고 착하고 백성들의 사랑을 받는다고 이야기함으로써 이같이 쓰디쓴 알맹이에 껍질을 입힌다.

문학적 장치 이 이야기의 구조는 두 중심인물들의 성격 위에 성립된다. 그리셀다가 월터의 도착적인 요구에 순종하는 데 비해 월터는 그리셀다를 시험하면서 이유 없이 잔인한 방식을 쓰기로 작심한 듯 보인다. 이어 두 사람은 각기 단 한 가지 자질만을 갖추고 있는 듯하며 이로 인해 충돌하도록 내몰리는 것 같다. 그러나 그리셀다가 모든 것을 참기 때문에 모두에게 행복한 결말이 온다.

결구는 두 가지 의미를 지닌다. 첫째, 섬세함과 권위를 암시하는 데 사용되는 용어다. 따라서 초서는 남편과 아내에게 합당한 결혼생활의 행동양식을 권고한다. 둘째, 문학에서는 짧고 단순한 결어(結語)를 의미한다. '서생의 이야기'의 결구는 서생의 견해로 생각될 수 있으나 대다수 독자는 초서가 독자에게 말하는 것으로 믿는다.

문체탐색 치체바체란 단어의 사용은 그 자체로서 '인내'의 역할에 대한 논평이다. '치체'는 여윈 것을, '바체'는 소를 의미한다. 옛날 프랑스 우화에 치체바체와 비콘이란 두 마리의 암소가 등장한다. 비콘은 숫자가 많은 인내심 있는 남편들을 먹이로 삼기 때문에 매우 뚱뚱하고 만족스런 생활을 한다. 반면에 치체바체는 오직 인내심 있고 정숙한 아내들만을 먹이로 삼는데, 그러한 아내들이 드물기 때문에 울타리 나무처럼 비쩍 여위었다.

상인의 서언과 이야기

줄거리 배나무 정사의 일화

상인은—결혼한 지 불과 2개월밖에 안되었으나 고약한 아내가 항상 고민을 안겨주기 때문에—자신의 갖가지 경험을 이용하여 결혼에 대해 냉소적이고 적대적인 견해를 표명한다. 그는 자기 이야기가 다른 유형의 성격을 가진 아내들을 소개할 것이라고 밝힌다. 그런데 상인은 이야기에서 결혼과 아내의 역할을 높이 찬양하여 손님들은 그게 진심인지 빈정대는 것인지 혼란을 느낀다.

'상인의 이야기' 속에 등장하는 부유하고 늙은 기사 재뉴어리는 결혼을 결심한다. 그가 결혼하는 이유는 분명하다. 남자와 여자가 결혼하기를 바라는 하느님의 바람을 실현하고 싶은 것이다. 그는 또한 영지를 상속할 아들을 원한다. 재뉴어리는 자기 계획을 들려주고 조언을 받기 위해 친구 몇 명을 불러 모은다. 가까운 친구 저스티니어스는 여자들의 불성실한 태도를 지적하며 결혼에 반대한다. 기사의 다른 친구인 플라시보는 재뉴어리가 스스로 결심해야 한다고 주장한다. 자기 지방의 젊은 처녀들을 조사한 재뉴어리는 메이란 아름다운 처녀를 선택한다.

재뉴어리의 시종들 가운데는 용모가 준수한 다미안이란 청년이 있다. 다미안은 메이를 보는 순간 사랑에 빠진다. 짝사랑이 너무나 심한 나머지 그는 상사병에 걸린다. 재뉴어리는 이 청년을 좋아하기 때문에 위로할 목적으로 아내와 다른 여자들을 보내서 문병하게 한다. 다미안은 사랑을 고백하는 쪽지를 메이에게 전달한다. 메이 역시 같은 욕망이 있음을 인정하는 쪽지를 다미안에게 전한다. 그 후 갑자기 눈이 멀게 된 재뉴어리는 메이에게 항상 곁에 있으라고 고집한다. 재뉴어리가 손을 잡지 않으면 그녀는 아무 데도 갈 수 없다. 그럼에도 불구하고 메이는 재뉴어리의 비밀정원 열쇠의 본을 밀랍에 떠서 다미안에게 건네주고, 나중에 배나무를 타고 올라오라는 신호를 보낸다.

이야기의 막간에, 플루토 신과 아내 프로셀피나는 재뉴어리와 메이가 처한 상황에 관해 의논한다. 플루토는 여자들은 너무나 잘 속이기 때문에 재뉴어리의 시력을 되찾게 해줄 것이라고 실토한다. 그러나 적절한 순간까지 기다릴 심산이다. 그러나 프로셀피나는 남자들이 너무나 음탕하기 때문에 재뉴어리가 시력을 회복하면 자기가 메이에게 그럴 듯한 변명을 가르쳐줄 것이라고 말한다.

메이는 배가 몹시 먹고 싶은 척하며 재뉴어리를 이끌고 배나무 밑으로 가서 등을 밟고 올라설 수 있도록 엎드리라고 말한다. 그녀는 "나무 위로 올라가고 다미안은 즉시 그녀의 헐거운 옷을 걷어올리고 성기를 삽입한다." 남녀가 사랑의 희열을 느끼는 이 순간 재뉴어리의 시력이 기적적으로 회복된다. 위를 올려다본 그는 젊은 남녀가 '섹스하는 것'을 보고 크게 화를 내며 "그자와 네가 섹스하는 것을 내 눈으로 보았다"고 소리친다. 그러나 프로셀피나 덕분에 메이는 그럴 듯한 변명을 한다. 그녀는 재뉴어리가 착시현상을 일으켰다고 주장한다. 깊은 잠에서 깨어났을 때 눈이 밝은 빛에 적응하지 못해 이상한 물체를 희미하게 보는 것과 같다는 말이다. 이어 그녀는 나무에서 뛰어내리고, 재뉴어리는 그녀를 껴안는다.

상인이 이야기를 마치자 주인은 메이 같은 여자들을 만나지 않게 되기를 바란다고 말한다. 그러나 주인의 아내는 수다스럽고 교활한 잔소리꾼이며 훨씬 더 많은 여러 가지 악덕을 지녔다. 그는 아내에게 평생 얽매이게 된 것을 쓰라리게 후회하지만, 여자들은 눈치가 아주 빠르기 때문에 사람들이 그의 생각을 아내 앞에서는 발설하지 말기를 희망한다.

:풀어보기

'상인의 이야기'를 읽지 않은 사람일지라도 그 개념은 많은 사람들에게 친숙하다. 노쇠한 노인과 젊은 처녀의 결혼은 재뉴어리-메이 결혼이라고 흔히 일컬어진다. 이 이야기는 초서의 이야기 가운데서 가장 독창적이지만 (종종 '배나무 일화'로 언급되는) 끝부분에서 노망한 기사를 속이는 수법은 그

시대의 수많은 대중적인 이야기들 속에서 발견되었다. 사실 고령이나 쇠약한 애인 역할의 등장인물은 모든 시대의 문학에 자주 등장한다. 다른 경우와 마찬가지로 이 이야기 속에서 독자는 노인이 자기보다 젊고 준수한 사내에게 아내를 빼앗길 것으로 예상한다. 특히 노인이 잠자리에서 젊은 아내를 감당하기 어렵기 때문이다.

문체탐색 '상인의 이야기'는 젊은 아내에게 당하는 노인을 다룬 두 번째 이야기다. (첫 번째 이야기는 '방앗간 주인의 이야기') 이름의 선택은 상인의 관점을 뒷받침한다. 저스티니어스(공정한 혹은 의로운 사람)의 충고를 거부하고 플라시보(아첨하는 사람)의 충고에 따라 재뉴어리(눈처럼 머리가 흰 노인)가 메이(5월의 꽃처럼 젊고 아름답다)와 결혼한다.

결혼에 대해 냉소적이고 부정적인 상인은 어리석고 늙은 남편과 속임수를 쓰는 젊은 아내의 이야기를 함으로써 서생의 관점을 간접적으로 지원하고 확대한다. 60년 동안 '존경할 만한 기사'로 살면서 인생의 대부분을 방탕하게 생활한 남편이 마침내 결혼은 하느님의 소원("이 세상에서 결혼은 낙원이다")이라는 소신에 따라 자유를 포기하고 결혼하기로 결심한다. 우리는 그의 결심이 독실한 신앙의 결과라기보다는 노망과 후사를 보겠다는 욕망의 결과란 것을 알고 있다. (남자는 오로지 결혼을 통해서만 자기 토지와 성을 물려줄 상속자를 만들 수 있다.)

수습기사의 서언과 이야기

 마법의 반지

　'상인의 이야기'가 끝나자 수습기사는 사랑에 관해 알고 있을 것이므로 누군가—아마도 주인—가 또 다른 사랑 이야기를 해달라고 한다. 수습기사는 동의하고, 실언을 하더라도 양해해 달라고 부탁한다.

　고귀한 캄부스칸 왕은 두 아들과 카나세(혹은 카나시)란 아름다운 딸을 데리고 산다. 왕은 치세 20주년이 되자 장엄하고 호화로운 기념식을 거행하도록 명령한다. 축제 도중 낯선 기사 한 명이 나타나 자신의 군주인 아라비 왕의 선물을 가지고 기념식을 축하하러 왔다고 밝힌다. 왕은 그 선물들 가운데 하나를 공주에게 준다. 그것은 손가락에 끼면 새와 짐승 혹은 수풀 등 모든 생물의 말을 할 수 있는 마법의 반지다.

　다음날 아침 카나세는 암매의 처량한 울음소리를 듣고는 마법의 반지의 힘을 통해 암매가 준수한 젊은 수컷 매의 구애를 받고 사랑을 허락했다가 버림받고 슬퍼하는 것임을 알게 된다. 암매는 후회를 하며 땅 위를 방황했고, 그러다가 너무 쇠약해져서 나무 위에서 정신을 잃는다. 카나세는 암매를 데려다 간호하여 건강을 회복시킨다.

　수습기사는 자기 가족이 거둔 여러 차례의 승리와 마법의 선물들에 관한 이야기를 몇 가지 더 할 계획이지만 자유농민이 말을 가로막는다.

　　우리는 초서가 '수습기사의 이야기'를 끝내지 않은 이
유를 알 수 없다. 여기서 다음과 같은 점이 지적될 수 있다. 캄
부스칸에 관한 묘사는, 서문에서 초서가 수습기사에 관해 묘
사한 내용을 연상시킨다. 수습기사의 미사여구는 순간적인 아
름다움에도 불구하고 흔히 어리석고 지나치게 정교하다.

인물
탐색 　자유농민이 말을 가로막기 전에 했던 '수습기사의 이야
　　기'는 동방문학에서 발견되는 다수의 비슷한 이야기들
과 유형이 같다. 이 이야기는, 낯선 나라들을 방문한 적이 있
고 아마도 마법에 관한 다수의 일화를 들었을 가능성이 있는
수습기사와 적절히 어울린다.

자유농민의 서언과 이야기

:줄거리 허황된 약속

자유농민은 수습기사의 달변, 가문, 예의범절을 칭찬하기 위해 '수습기사의 이야기'를 가로막는다. 그는 쓸모없는 청년들과 어울려 무분별한 도박에 시간을 낭비하는 자기 아들과 수습기사를 비교한다. 그의 말에 관심이 없는 주인이 자유농민에게 이야기를 하라고 말하자 자유농민은 그 말에 따른다.

고귀하고 부유하고 용감한 기사 아르베라구스는 아내를 간절히 원한다. 그는 도리겐이라는 아름답고 젊은 처녀를 발견하여 결혼한다. 두 사람은 항상 서로를 존중하며 상대의 말과 행동에 대해 철저한 관용을 베풀기로 맹세한다. 결혼식이 끝나고 얼마 후 기사는 영국으로 떠나 2년간 집을 비운다. 그동안 도리겐은 울고 식음을 전폐하며 남편이 없는 것을 한탄한다. 슬픔에 잠긴 도리겐은 종종 바닷가로 나가 앉아서 시간을 보낸다. 많은 사람들이 목숨을 잃은 해변 부근의 물 속에 솟은 바위들을 바라보던 그녀는 남편의 안전이 걱정스러워진다.

어느 날 도리겐은 친구들과 소풍을 가기로 한다. 야유회에서 사람들이 춤을 추게 된다. 춤추는 사람들 가운데는 아우렐리우스란 사람이 있다. 그는 남자들 가운데서 가장 용모가 뛰어나고 젊고 힘이 세고 부유하며… 사려가 깊고 인망이 높다. 그는 2년 동안 남몰래 도리겐을 사랑했다. 드디어 아우렐리우스가 사랑을 고백하지만 도리겐은 받아들이지 않는다. 아우렐리우스가 크게 낙담하자 도리겐은 그를 달래주기 위해 브리타니 해변의 바위를 모두 없앤다면 사랑에 응하겠다고 반농담조로 말한다. 그러나 그 과제는 불가능하고, 집으로 돌아간 아우렐리우스는 절망 속에 세월을 보내며 동생의 보살핌을 받는다.

아우렐리우스는 2년 동안 병을 앓는다. 마침내 그의 동생이 난제 해결방법을 찾는다. 동생은 희귀 서적들 속에서 발견되는 마법의 비밀부호를 해독했다고 주장한 학생을 기억해낸다. 아우렐리우스는 그 학생 마법사를 찾아가 마법으로 해안의 바위들을 모두 없애면 1,000파운드를 주겠다고 약속한다. 학생 마법사는 그 제안을 받아들여 바위를 제거한다. 이어 아우렐리우스는 도리겐에게 약속을 지키라고 요구한다. "당신이 약속을 했으니까 이제 그걸 지켜야 합니다. 그리고 혼인서약을 내 손 안에 주어야 합니다. 나를 극진히 사랑해 주어야 합니다." 공포에 질려 자살을 생각하는 도리겐은 치욕을 당하느니 대부분 목숨을 버린 21명의 여자들을

독자에게 상기시킨다.

한편, 집에 돌아온 아르베라구스는 아내가 슬픔에 지쳐 있는 모습을 발견한다. 도리겐은 자신이 한 거래에 관해 남편에게 이야기한다. 남편은 자신이 깊은 슬픔을 느낄지라도 아내가 약속을 지켜야 한다고 말한다. 도리겐은 아우렐리우스를 찾아간다. 그러나 아르베라구스의 고매함과 희생정신을 알게 된 아우렐리우스는 도리겐을 소유하려 하지 않고 안도하는 귀부인을 남편에게 돌려보낸다. 그 뒤 아우렐리우스는 가진 금을 모두 모으지만 학생 마법사에게 빚진 돈의 절반밖에 갚을 수 없다는 것을 알게 된다. 학생 마법사는 도리겐이 약속에서 벗어난 사실을 알고 아우렐리우스의 빚을 모두 탕감해 준다.

:풀어보기

자유농민이 '수습기사의 이야기'를 가로막은 것은 이해하기 어렵다. 그가 수습기사를 그토록 칭찬하고 그 자신이 신사임을 자부하는 것에 비추어볼 때 고의로 이야기를 방해했을 가능성은 희박하다. 초서는 언젠가 완성할 계획이었던 이 일화의 끝 부분에서 이러한 방해가 나오도록 할 의도를 가졌을 가능성이 더 높다.

주제탐색 앞서 나온 이야기들 속에서 소개된 대부분의 주제와 동기가 자유농민의 이야기 속에서 제기된다. 그는 이런 주제들과 동기들을 조직하여, 여장부의 음란하고 속된 주장으로 손상된 법률가의 정통파 입장을 뒷받침한다. 결혼에 대한 자유농민의 입장은, 이 세상의 여러 가지 즐거움에 대해 훨씬 덜 엄격하다는 면에서 법률가의 입장과 다르다. 자유농민은 바스의 여장부가 옹호한 완전한 주도권과 서생이 제시한 인내심의 사이에서 중용을 찾으려고 노력한다. 자유농민의 이야기 속에서 나오는 결혼은 상호동의와 상호의무, 상호신뢰에 바탕을 둔 결혼이다.

　　모두 애정의 삼각관계와 관련되어 있다는 점에서 '자유농민의 이야기'는 기사와 방앗간 주인의 이야기와 관계가 있다. 또 수습기사에 대한 자유농민의 칭찬을 통해 '수습기사의 이야기'와 관계가 있다. 그리고 결혼생활에 인내심이 필요하다는 것을 강조하는 점에서 '서생의 이야기'와도 관계가 있다.

주제
탐색
　　'자유농민의 이야기'의 주된 미덕은 이야기 속에 충만한 고귀한 정신과 사랑 및 결혼에서 인내심과 관용이 핵심이라는 개념을 제시한 것이다. 여기서 우리는 남편이 부재중에 불성실한 행위를 거부하는 아름다운 도리겐을 보게 된다. 다음에 우리는 아르베라구스의 '진실과 약속 및 정절'의 개념을 보게 된다. 아르베라구스는 도리겐에게 비록 농담이었을지언정 그 약속을 이행하도록 한다. 왜냐하면 그는 법 조항에 구속받기 때문이다. 그가 더 많은 정보를 입수했다면 해변의 바위가 없어진 것처럼 보일 뿐 제거되지 않았으며, 따라서 그 거래는 현실성이나 정당성이 없다는 것을 알게 되었을 것이다.

의사의 이야기

 절세미녀의 비극

   기사 버지니우스는 외동딸 버지니아와 함께 산다. 버지니아는 절세미인이며, 고귀한 심성 또한 비길 데가 없다. 어느 날 아침 시내에 사는 아피우스 판사가 버지니아의 모습을 보고 그 아름다움과 순수함에 반해 무슨 수를 써서라도 차지하겠다고 결심한다. 판사는 마을에서 가장 비열한 불한당 클로디우스를 보낸다. 판사는 클로디우스에게 처녀를 잡아오는 계획에 가담하는 대가로 보수를 지불한다.

   아피우스 판사의 법정에 선 클로디우스는 버지니우스가 여러 해 전 자기 집의 어린 하녀(버지니아)를 훔쳐가서 딸로 삼아 그 동안 데리고 살았다는 허위고소를 한다. 사악한 판사는 버지니우스가 자신을 변호하기도 전에 처녀를 즉각 법정에 데려오라고 명령한다. 버지니우스는 집으로 돌아가 딸을 부른다. 그는 딸에게 죽음을 당하거나 아니면 클로디우스와 아피우스의 손에 치욕을 당해야 한다고 말한다. 버지니아는 아버지에게 말한다. "제가 처녀로 죽게 해주시는 하느님에 축복을 내리소서! 저는 치욕을 당하느니 죽음을 택하겠습니다. 아버지 뜻대로 하세요." 이어 처녀는 정신을 잃고 아버지는 딸의 목을 벤다. 버지니우스는 판사에게 돌아가 버지니아의 머리를 건넨다. 판사는 살인혐의로 버지니우스를 교수형에 처하라고 명령한다. 그러나 시민들이 아피우스의 무도한 행위에 흥분하여 그를 감옥에 가둔다. 클로디우스는 교수형 판결을 받지만 기사는 자비를 호소하고 죽이는 대신 추방하자는 의견을 낸다.

　　의사는 '죄의 대가는 죽음'이라는 도덕론으로 이야기를 끝내고 모든 사람이 자기 죄를 속죄하도록 권유한다.

: 풀어보기

　　다수의 초서 비판자들은 이 이야기가 가장 부실하고 구성이 불완전하며 동기가 철저히 결여되어 있다고 생각한다. 어떤 사람들은 이 이야기가 일부는 낭만적 이야기이고, 일부는 도덕적 우화이며, 일부는 현실적인 공포물로 보기도 한다. 이 이야기를 도덕적 우화로 볼 경우 자신의 덕성스러운 딸을 사악한 판사(아피우스)의 손에 넘기지 않으려고 목을 베는 남자(버지니우스—순결을 지지)의 이야기다. 사악한 판사는 감옥에 수감되자 목을 매 자살하고 하수인 클로디우스와 다른 공범들은 추방되거나 교수형을 당한다. 버지니아는 기독교적 순결(처녀성)을 상징하며, 사이비 판사 아피우스는 불순과 동일시될 수 있을 것이다. 도덕적 우화로 볼 경우 14세기의 수많은 도덕적 우화들 가운데 하나에 속하지만 초서에게 이야기의 가치는 항상 화법(話法)에 있다.

　　의사는 버지니아를 극도로 인위적인 조건들 속에서 소개한다. 의인화된 추상 개념인 네이처(자연) 부인은 버지니아의 놀라운 자질을 하나의 조상(彫像)에 관해 이야기하듯 설명한다. 그 이야기를 들은 독자는 버지니아가 인간이 아니라 경이적인 작은 조각상으로 상상하게 된다. 우리는 이야기가 대략 4분의3 정도 진행된 213행까지 이 이상적인 인간(버지니아)의 이름을 듣지 못한다.

자신의 완벽한 딸을 상징적으로 우상화하고 잔인하게 목을 벤 다음 야만인처럼 머리를 들고 판사에게 가져가는 아버지의 행동에 관해 독자는 믿을 것인지 말 것인지 고민하게 된다. 마찬가지로 버지니아의 간청도 빈말로 들린다. 버지니아가 언급하는 처녀로서의 미덕과 순결, 순결상실과 죽음 등은 수많은 논문 속에서 발견되지만 독자는 이런 글들이 오직 젊은 여자들에게만 적용하기 위해 남자들이 집필했다는 사실을 기억할 필요가 있다. 버지니아가 구약 성서에 나오는 사사(士師) 입다의 예를 상기시킬 때 그녀의 발언은 빈말로 들린다. 버지니아의 죽음과 입다의 딸의 죽음 사이의 중요한 차이점은, 버지니아는 처녀로 죽는 것을 즐거워하고, 입다의 딸은 처녀로 죽음으로써 인생이 미완으로 끝나는 것을 슬퍼한다는 점이다.

이 이야기는 상당히 위선적인 신앙의 혼란 속에서 끝난다. 아피우스는 감옥 안에서 자살한다. 판사의 하수인 클로디우스는 교수형 판결을 받지만 버지니우스가 자비를 간청한다. 방금 전에 딸의 머리를 벤 남자가 했다고 믿기 어려운 청이다. 이어 우리는 나머지 악당들이 교수형을 당했다는 말을 듣고 믿을 수 없다는 생각이 든다. 이 악당들의 무리는 어디서 왔는가? 누가 악당들의 지도자인가? 아피우스인가 클로디우스인가? 클로디우스가 추방당하는 상황에서 이 악당의 무리는 무슨 죄를 저질렀기에 교수형을 당하는가? 끝으로 이 이야기는 줄거리 자체와 관계 없는 도덕적 설교로 끝을 맺는다.

면죄사의 서언과 이야기

:줄거리 죽음을 사냥하는 사나이들

의사의 슬프고 무시무시한 버지니아 이야기에 깊은 감명을 받은 것으로 보이는 주인이 동원할 수 있는 모든 의학용어를 써서 의사를 칭찬한다. 그러나 주인은 의사의 이야기에 담긴 윤리관을 거부하고 자신의 윤리관으로 바꾼다. 즉 행운과 자연의 갖가지 선물이 항상 좋은 것만은 아니라는 자신의 윤리관 가운데 하나로 바꾼다. ("행운과 자연의 여러 가지 선물은 많은 사람들의 죽음의 원인이 되었다.") 순례자들이 즐거운 이야기를 들을 필요가 있다고 생각한 주인은 면죄사에게 고개를 돌린다. 일행 가운데 신분이 비교적 높은 일부 사람들은 면죄사가 속된 이야기를 하지 않을까 우려하여 그에게 도덕적인 이야기를 해달라고 부탁한다.

면죄사는 이어 그가 설교에서 사용하는 여러 가지 방법을 순례자들에게 설명한다. 그의 설교문은 항상 '돈에 대한 사랑이 모든 악의 근원'이라는 것이다. 항상 여러 가지 문서와 사물을 나열하는 기법을 사용하는 그는 진실로 악한 죄인들에게 자신이 해줄 수 있는 것은 아무것도 없다고 선언하며 선량한 사람들에게는 자신의 성유물을 구입하여 죄를 면죄 받으라고 권유한다. 이어 그는 강단에 서서 탐욕의 죄에 관해 아주 재빠르게 설교를 하여 청중들이 헌금을 하도록 겁을 준다.

그는 항상 '돈이 모든 악의 근원'이라고 반복한다. 왜냐하면 이 설교문을 통해 자신이 실천에 옮기는 바로 그 악덕을 비난할 수 있기 때문이다.

그가 설교 때 하지 말라고 하는 같은 죄를 스스로 범하고 있으면서도 여전히 다른 사람들을 회개시킬 수 있다. 면죄사는 돈과 좋은 음식, 고급 생활을 좋아한다는 사실을 시인한다. 그가 윤리적인 사람은 아니지만 다음과 같이 훌륭한 이야기를 할 수 있다.

플란더스 지방에서 흑사병이 절정에 달했을 때 세 청년이 술집에 앉아서 분에 넘치는 음식을 먹고 술을 마시면서 비난받아 마땅한 욕설을 내뱉는다. 이 주정뱅이들은 관이 지나가는 것을 눈여겨보며 누가 죽었느냐고 묻는다. 전날 밤 죽음이란 이름의 도둑에게 등을 찔려 죽은 자기 친구라고 하인 한 사람이 설명해 준다. 젊은 주정뱅이들은 죽음이 아직 다음 마을에 있을 것이라고 생각하고 죽음을 찾아내 죽이기로 결정한다.

길을 가던 세 남자는, 청춘을 고령과 기꺼이 바꾸려는 사람을 찾을 때까지 이 세상을 떠돌아다녀야 한다고 말하는 노인을 만난다. 노인은 죽음조차도 자신의 생명을 가져가지 않을 것이라고 말한다. 죽음에 관해 노인의 말을 들은 주정뱅이들이 어디 가면 죽음을 찾을 수 있느냐고 묻자 노인은 길 끝에 서 있는 나무를 가리킨다. 주정뱅이들은 나무로 달려간다. 그곳에서 금화 8부셀을 발견한 그들은 그것을 갖기로 결정한다. 그들은 밤이 될 때까지 기다렸다 금을 옮기기로 하고 밀집으로 제비를 뽑아 마을에 들어가 음식과 포도주를 가져올 사람을 정한다. 일행 중 가장 젊은 사내가 가장 짧은 밀집을 뽑는다. 그가 떠나자 남은 두 사람은 그를 죽이고 그의 몫을 나눠 가지기로 작당한다. 그러나 보물을 독차지하고 싶은 젊은 사내는 독을 사서 자신이 구한 포도주 두 병에 섞는다. 그가 나무에 접근하자 기다리고 있던 두 사람이 칼로 찔러 살해한다. 두 사람은 시체를 처리하기에 앞서 포도주를 마시기 위해 앉는다. 이리하여 세 사람 모두 죽음을 실제로 만나게 된다.

면죄사의 시각에서 볼 때, 의사는 주로 경건한 이야기를 했고, 신앙이 독실한 체 하며 의사의 이야기를 크게 칭찬한 주인은 바보다. 주인은 의사를 칭찬한 후 면죄사의 직업이 설교임에도 불구하고 즐거운 이야기나 재담을 부탁한다. 면죄사는 방금 전에 주인이 한 것처럼 '성 로니온'에게 맹세를 하여 조롱하듯 흉내를 내면서 동의한다. 일행의 일부가 한 목소리로 "안 됩니다. 그가 더러운 농담을 하도록 허용해서는 안 됩니다"라고 말함으로써 면죄사는 다시 모욕을 당한다. 의인인 체하며 자만하는 모든 사람들에게 복수할 생각을 품게 된 그는 보복방법을 치밀하게 생각한다. 면죄사가 주인의 흉내를 낸 것은 의사가 '대주교'라도 되는 듯이 찬사를 받는 것에 짜증이 났다는 것을 나타낸다.

인물탐색 '의사의 이야기'와 '면죄사의 이야기'—따라서 두 사람—사이의 역설적 관계는 그들이 모두 이기적인 사기꾼이라는 점이다. 그러나 두 사람 중 면죄사는 자신이 어떤 인간인지 알 정도로 자신을 인식하고 있다. 자만하고 가식적인 의사는 그렇지 않다.

초서의 시대에 면죄사의 역할은 교황의 특별 대리인으로서, 여러 가지 자선목적을 위해 헌금을 걷고, 헌금자들에게 죄를 사해 주는 표시로 특정한 면죄부를 주거나 파는 것이다.

교회법에 따라 그는 특정지역 안에 머물 권리가 있었다. 그는 이 지역에서 여러 교회를 방문하고 헌금을 받을 수 있었으며 교황의 이름으로 면죄부를 팔 수 있었다. 면죄사는 수입의 일정 비율을 차지할 권리를 가졌다. 그러나 대다수 면죄사들은 부정직했고, 자기 몫보다 훨씬 많은 돈을 착복했으며, 헌금 전액을 가로채는 경우도 허다했다. 본인도 자랑하듯이 초서의 면죄사는 후자에 속한다. 즉 그는 매우 선량한 사람들에게만 면죄부를 제공한다고 말함으로써 어느 정도 헌금을 거두는지 말한다.

인물탐색 면죄사는 서언에서 자신이 오로지 탐욕 때문에 행동하는 사기꾼이며 7대 죄악 전부를 범했다고 솔직하게 고백한다. 그는 근본적으로 위선자임에도 불구하고 적어도 고백은 정직하게 한다. 그러나 나중에 이야기의 끝에서 순례자들에게 헌금을 요청한 것은 역설적이다. 따라서 여러 가지 이유로 인해 면죄사는 순례자 일행 가운데서 가장 복잡한 인물이다. 지적인 사람인 것은 분명하다. 이야기 속에 과시되는 인용문구와 지식, 오직 선량한 사람들만 헌금을 내도록 만드는 심리학 활용은 그가 지성인임을 증명한다. 그러나 자신의 위선에 관해 순례자들에게 고백하는 과정에서 돈과 음식, 포도주, 권세를 지나치게 탐하는 것 외에는 더욱 성실해질 수 있기를 원한다고 말한다.

문학적 장치 면죄사는 성유물이 구입자에게 더 많은 돈이 생기도록 할 것이라고 강조함에도 불구하고 '돈에 대한 사랑이 모든 악의 근원'이라는 격언을 자신의 교과서로 삼는다. 따라서 그의 교과서는 이중적 역설을 내포한다. 그가 돈을 사랑하는 것은 그의 악의 근원이지만 면죄부 판매는 구입자의 돈에 대한 사랑에 의존하기 때문이다. 뿐만 아니라 그는 오직 선량한 사람들에게만 판매하는 기본적 심리학에 의존한 수법으로 더 많은 돈을 번다. 그는 탐욕이 넘치고 설교를 통해 자기 지갑을 가득 채울 수 있는 돈을 벌기 때문에 탐욕에 관한 설교를 하게 되는 것이다.

문체 탐색 학자, 비평가, 독자들은 '면죄사의 이야기'가 지금까지 집필된 가장 중요한 '단편소설' 가운데 하나로 간주한다. 형식은 시(詩)지만 간결함, 적절히 강조된 주제, 짧은 인물 설정, 상징적 노인의 포함, 빠른 이야기 전개, 결말의 신속한 전환 등이 완벽한 단편소설의 모든 요건과 부합된다. 전체 이야기는 교훈적이며 지적인 요점을 강조하는 데 목적이 있다. 주제는 '돈(탐욕)이 모든 악의 근원'이다.

면죄사가 주인에게 성유물을 팔려고 시도하고, 주인이 그를 심하게 공격하는 데서 이야기는 끝난다. 초서가 성격과 이야기의 속성 양면에서 자연적 균형과 비율의 상징으로 내세운 기사가 이 순간에 주인과 면죄사 사이에 끼어들어 두 사람이 입을 맞추고 화해하도록 시도한다. 주인과 면죄사의 싸움에서 면죄사(공식적 역할은 사람들이 죄를 용서받을 수 있도록 하느님 앞에 불러내는 것)는 화를 낼 때 무자비하다. 즉 그는 면죄해 주기를 거부하고 고귀한 기사가 개입할 때만 면죄부는 효과를 발휘한다.

선원의 이야기

몸을 주고 빚을 내는 여자

생 드니 출신의 한 부유한 상인은 빼어나게 아름다운 아내와 산다. 그들의 웅장한 저택은 종종 손님들로 가득 차곤 한다. 가장 자주 찾아오는 손님 가운데 한 사람은 용모가 준수한 존 경(卿)이란 젊은 수도사이다. 존 경은 상인과 남달리 절친한 사이인데, 상인과는 사촌 혹은 가까운 친척이라고 말한다. 상인은 성직자를 항상 동생처럼 생각할 것이라고 맹세한다.

상인은 존 경을 초대해 며칠 동안 머무르게 한다. 이 기간중 수도사는 정원을 거닐다가 상인의 아내와 마주친다. 그는 그녀의 안색이 좋지 않은 것을 보고 까닭을 묻는다. 그녀는 비밀을 지키기로 맹세한다면 무관심에서 생기는 결혼생활의 문제들에 관해 이야기해 주겠다고 한다. 이야기를 들려준 그녀는 이어 인색한 남편이 사주지 않는 옷을 몇 벌 살 수 있도록 100프랑을 빌려 달라고 간청한다. 존 경은 상인이 브뤼제로 떠날 때 그 돈을 갖다주기로 한다. 그리고는 상인의 아내를 껴안고 미친 듯이 입을 맞추며 그녀에 대한 욕망을 고백한다.

그날 밤 저녁식사를 마친 후 수도사는 상인을 조용한 곳으로 데려가 소 살 돈 100프랑을 빌려달라고 청한다. 상인은 기꺼이 그 돈을 존 경에게 준다. 다음날 상인이 브뤼제로 출발한 직후 존 경은 상인의 집으로 가고, 부인은 돈을 받는 대가로 하룻밤을 함께 보내기로 한다.

얼마 후 상인이 존 경의 수도원에 인사차 들른다. 수도사는 빌린 100 프랑을 하룬가 이틀 뒤에 상인의 아내에게 갚았노라고 말한다. 집에 돌아온 상인은 존 경이 빚 갚은 사실을 왜 말하지 않았느냐고 아내를 책망한다. 아내는 그 돈으로 옷을 샀다고 설명하면서 남편에게 그대로 갚겠다고 약속한다. 돈이 아니라 동침으로 갚겠다는 것이다. 아내를 더 꾸짖는 것이 무의미하다고 생각한 상인은 이렇게 결론짓는다. "그래, 당신이 쓴 건 용서하겠소. 그러나 다시는 그처럼 헤프게 써서는 안 되오."

: 풀어보기

주제 탐색 이 이야기와 다음 이야기는 세상의 지위와 권력의 역할에 관한 '논의'를 소개한다. '선원의 이야기'의 시작 부분이 이 주제를 제기한다. "옛날 옛적 생드니에 부유하고 현명하여 크게 존경받는 상인이 살았다." 이 이야기 자체는 막대한 재산 때문에 자기 주변에 대해 일정한 권한을 지닌 부자 상인을 관심의 중심으로 삼는다. 상인은 또한 명랑하고 붙임성 있는 아내와 살고 있다. 그러나 아내의 이러한 빼어난 자질들에 대해 상인은 호된 대가를 치른다.

예를 들어 현대의 독자는 상인이 사랑스러운 아내에게 돈을 주지 않지만 존 경에게는 100프랑을 기꺼이 주는 모습에 당혹감을 느낄 수 있다. 다시 지위와 권력이란 주제가 제기된다. 존 경은 수도사지만 기사 작위로 인해 상인보다 사회적 지위가 높다. 따라서 상인은 사회적 지위가 높은 사람의 친척으로 인정받는 것을 명예롭고 자랑스럽게 생각한다.

존 경은 관대하다. 상인의 집에 올 때마다 항상 선물이나 돈을 모든 사람들에게 나눠주어 가장 지위가 낮은 사환과 하인들까지 그를 좋아한다. 따라서 존 경은 두 가지 종류의 선물을 한다. 상인에게는 '사촌'이라고 불러 명예의 선물을 주고, 집안사람들에게는 금품을 주어 "닭이 해가 뜨는 것을 반기듯이 모두들 그가 오는 것을 반긴다."

　　그러나 초서가 이 이야기를 선원에게 할당한 이유에 관한 의문이 제기된다. 우리는 많은 항구를 전전한 선원에게는 보다 상스러운 이야기를 기대하게 된다. 뿐만 아니라 이야기의 서두에서 몇 가지 수수께끼 같은 문장이 나온다.

　　　어리석은 남편은 항상 대가를 치러야 하며
　　　그는 자신의 평판을 높이기 위해
　　　우리에게 옷을 입히고 치장해야 한다
　　　우리가 이 모든 장식 속에서 춤을 추며 돌아가는 동안

　　'우리에게 옷을 입히고'란 구절 속에 있는 일인칭 복수 대명사 '우리'의 사용은, 초서가 이 이야기를 일행의 한 여자에게 할당할 의도를 지녔고, 주제의 내용으로 보건대 바스의 여장부일 수밖에 없었다는 것을 분명히 시사한다. 초서는 그녀를 위해 이 이야기를 집필한 다음 마음을 바꾸었으나 앞뒤가 맞지 않는 구절을 삭제하는 것을 잊은 듯하다.

수녀원장의 서언과 이야기

 유대인들의 살인

수녀원 원장은 서언에서 성모 마리아를 찬양하는 찬송가를 부른다. 그녀는 예수의 어머니이며 '가장 흰 백합꽃' 마리아를 찬양한다. 이 찬송가는 뒤따르는 이야기의 예고편 구실을 한다.

아시아의 한 기독교도 도시의 4분의 1을 유대인들이 차지하고 산다. 기독교도 어린이들이 다니는 학교는 유대인들이 고립생활을 하는 게토의 먼 끝에 있기 때문에 아이들은 학교에 오고갈 때 이 거리를 자유로이 걸어서 통과한다. 어린 기독교도 학생들 중 하나가 상급생들이 부르는 "구세주의 존귀하신 어머니"란 찬가를 듣는다. 다른 학생들이 그 노래를 할 때 매일 더 가까이 다가가 유심히 듣던 소년은 아주 짧은 시간에 첫 번째 구절을 암기한다. 그 노래가 성모 마리아를 찬양하는 내용임을 알게 된 어린이는 노래를 배워 크리스마스 날 그리스도의 어머니를 찬양하기로 결심한다. 그 어린이는 매일 유대인들의 거리를 따라 걸어가며 힘차고 똑똑하게 그 노래를 부른다. 그 무렵에 사탄이 유대인들에게 다음과 같은 말을 속삭인다. 소년이 유대인들에게 치욕을 안겨주고 있으며 그들의 성스러운 율법을 해하기 위해 노래를 부른다는 것이다. 소년을 없애기로 작당한 유대인들은 암살자를 고용한다. 어느 날 소년이 그 노래를 부르며 게토를 지나갈 때 암살자가 소년을 붙잡아 목을 베고 시체를 시궁창에 던진다.

소년의 가난한 홀어머니는 집집마다 찾아다니며 유대인들에게 아들의 행방을 묻는다. 그러나 모두들 모른다고 거짓말을 한다. 그때 예수가 직접 소년의 시체가 던져진 시궁창으로 통하는 골목길 방향을 어머니의 생각 속에 집어넣는다. 과부가 그 구덩이에 접근하자 갑자기 노래하는 소년의 목소리가 들리기 시작한다. 기독교인들이 놀라서 모여든다. 시장이 현장에 불려온다. 소년의 시체를 본 시장은 모든 유대인들에게 족쇄를 채우고 결박한 다음 감옥에 가두라고 명령한다. 그 후 유대인들은 여러 마리의 사나운 말에 끌려나와 교수형을 당한다.

소년의 시체는 인근 수도원으로 운반된다. 장례식이 다가오고 소년은 크고 선명한 목소리로 계속 노래를 부른다. 이어서 그는 그리스도께서 자신이 매장될 때까지 노래를 부르도록 명령했고 성모 마리아께서 자기 혀 위에 진주 한 알을 놓아두었다고 수도원장들에게 말한다. 소년은 진주를 꺼낼 때까지 노래를 해야 한다고 설명한다. "그때 성스러운 수사가 소년의 혀 위를 더듬어 진주를 꺼낸다. 그리고 나서 수사는 매우 평화롭고 온화하게 혼령을 보내주었다."

기독교들은 소년을 순교자로 선포하고 링컨의 휴란 이름의 이 소년을 기념하기 위해 대리석 무덤을 만든다.

:풀어보기

인물탐색 수녀원장의 서언은 그녀의 성격과 지위에 적절히 어울린다. 그녀는 성모 마리아의 후원에 크게 의존하는 수도회 소속의 수녀다. 뿐만 아니라 그녀가 성모 마리아에게 바치는 찬송가는 소년이 부른 유형의 찬송가와 관련되어 있고, 그녀 이야기의 예고편 구실을 한다. 서언은 기도의 역할도 하는데, 위대한 고전 서사시들 속에서 발견되는 기도 양식과 흡사하다. 수녀원장은 '환희의 여왕'(성모 마리아)의 위대함을 이야기하며 도움을 청하는 기도를 올린다.

수녀원장의 이야기는 그리스도를 신뢰하는 온유하고 가난한 사람들의 힘을 보여준다. 헌신적이고 온유한 기독교도 여성(적어도 자신을 그렇게 생각함)인 수녀원장은 그리스도와 특히 성모 마리아에게 올리는 기도로 자기 이야기를 시작한다. 기도의 요지는 이렇다. 어린이와 같은 자신이 성모 마리아를 찬양하는 이야기를 할 때 성모가 자기를 도와주어야 한다는 것이다.

수녀원장의 이야기를 충분히 이해하려면 독자는 먼저 이런 이야기들의 배경을 이해해야 한다. 중세 영국에서 유대인들에 대한 기독교도의 증오는 종교적 열정의 형태를 띠었다. 진실처럼 전파된 이런 이야기들에 의해 열정이 정기적으로 새로워졌다. 이런 증오는 샤일록(셰익스피어의 〈베니스의 상인〉), 레베카(월터 스콧 경의 〈아이반호〉), 패이진(디킨스의 〈올리버 트위스트〉)과 같은 문학작품 속의 인물들에 표현되었다.

문체 탐색 이 이야기 속에서 수녀원장은 이 세상의 권력(특히 돈)에만 오로지 관심을 기울이는 유대인들과 다른 세상에 관심을 기울이는 기독교도들 사이의 반대입장을 설정한다. 그녀는 처음부터 기독교적 입장의 외적 취약성을 강조한다. 예를 들어 기독교도 학교와 어린이들이 작다는 말을 되풀이한다. 이야기 속의 학생이 읽는 책까지도 역시 '작다.' 소년의 어머니는 미망인이며 가난하고 자신을 지킬 힘이 없다는 암시가 나온다. 그러나 돈을 모아 작은 어린이를 죽일 수 있는 유대인들의 외견상의 힘은, 노래하는 소년의 목소리를 되살리는 성모 마리아의 기적과 죽은 소년의 혀 위에 놓인 진주로 상징되는 정신의 보물들에 의해 제압된다.

초서의 토파스 경 이야기

 기사의 모험담

링컨의 휴 이야기가 끝난 후, 주인이 일행의 기분을 북돋우기 위해 농담을 하기 시작할 때까지 모든 사람이 침울한 분위기에 휩싸인다. 주인은 이어 즐거움이 넘치는 이야기를 해달라고 초서에게 이야기한다. 초서는 오직 한 가지 이야기, 즉 오래 전에 들은 인물 이야기밖에 모른다고 설명한다.

멀리 바다 건너 플란더스에는 토파스 경이란 이름의 용모가 준수하고 젊은 기사가 살고 있다. 토파스 경은 뛰어난 사냥꾼이고 노련한 궁수이며 기술 좋은 레슬러다. 그 땅에 사는 모든 처녀들이 그의 사랑을 동경하지만 토파스 경은 이러한 처녀들에게 별 관심을 기울이지 않는다. 어느 날 말을 타고 숲을 달려 기진맥진해진 토파스 경은 샘터 옆에서 쉬다가 요정의 여왕을 꿈에서 본다. 잠에서 깨어난 그는 요정의 여왕을 찾기 위해 땅의 끝까지 말을 타고 가기로 결심한다.

그는 오래지 않아 머리가 셋 달린 거인을 만난다. 거인은 숲에서 떠나라고 기사에게 명령한다. 그 이유는 그 지역이 요정 여왕의 왕국이기 때문이다. 거인은 죽이겠다고 위협하고, 토파스 경은 거인의 도전을 받아들여 전투준비를 하기 위해 집으로 말을 달린다. 아버지의 성에 도착한 토파스 경은 멋지게 잔치를 벌이고 가장 훌륭한 갑옷과 뛰어난 무기로 전투준비를 한다.

여기서 주인이 초서의 말을 가로막으며 소리친다. "제발 이런 식으로 계속하지 마시오. 나는 당신의 교양 없는 압운 사용에 지쳤습니다." 주인은 이어 압운은 그만두고 산문으로 이야기를 할 것을 부탁한다. 초서는 산문으로 간단한 이야기를 하기로 동의하지만 순례자들이 과거에 들은 적이 있는 격언들을 몇 가지 되풀이할지 모른다고 경고한다.

문체 탐색 수녀원장의 기적적인 진주와 그녀의 천국의 보물들에 관한 일반적 관심 대신 순례자 초서는 또 다른 '보석' 즉 토파스 경(혹은 황옥을 의미하는 '토파즈')의 이야기를 한 다. 토파스 경은 플랑드르 지방의 상인가문 출신 기사다. 수녀 원장의 처녀성과 온유함 및 정직에 대한 관심은, 순수의 상징 으로서 황옥이 지니는 상징적 의미와 일종의 빵인 '패인드메 인'과 기사의 창백한 피부색을 비교하는 데 반영되고 있다. 이 빵에는 과거 일반적으로 구세주 및 성모 마리아의 형상을 찍 었다.

토파스 경의 이야기는 오랜 세월 동안 학자들에게 당혹 스러운 의문을 제기했다. 초서가 이 이야기를 쓸 당시 모험과 아리따운 처녀들을 찾는 준수한 기사들에 관한 이야기들이 지 나치게 많이 존재했다. 끝에서부터 세 번 째 연에서 초서는 영 광을 찾아 나선 7명의 기사 이야기를 언급한다. 그 기사들은 혼 경, 히포티스 경, 베비스 경, 가이 경, 리베우스 경, 플레인 다무르 경이다. 기사들이 모두 순진할 정도로 단순하고, 각기 이야기가 장황하고, 이야기마다 세세한 설명으로 윤색되고, 줄 거리의 개연성이 없기 때문에 초서는 이런 인물들을 선택했다.

문체 탐색 물론 초서가 주인에게, 이런 이야기들이 자신이 할 수 있는 최선이 압운이라고 말하는 것은 역설적이다. 각

연은 전통적인 상투어와 불합리한 발언으로 채워져 있다. 토파스 경의 이야기에서 초서는 이러한 유형의 문학을 조롱하고 이런 유형의 시를 읽는 사람들을 경멸함으로써 자기 자신을 웃음거리로 만든다. 그리고 초서가 이런 실없는 이야기를 자신에게 할당한 것은 가장 역설적이다. 뿐만 아니라 주인이 초서의 말을 가로막자 초서는 다소 화가 나서 이런 이야기들이 그의 최선의 압운이라고 말한다. 이어 몇 개의 친숙한 격언들을 사용하는 간단한 일화(멜리비의 이야기)를 산문으로 이야기하겠다고 약속한다. 그러나 '간단한' 이야기 대신 그는 길고 지루하고 마냥 느지러지고 수많은 격언으로 채워진 이야기를 한다. 이보다 더 지루한 이야기는 있을 수가 없다.

멜리비 이야기

도둑들을 용서하다

멜리비와 그의 아내가 집을 비웠을 때 3명의 도둑이 침입하여 딸 소피아에게 심한 상처를 입힌다. 멜리비는 복수를 결심하지만 아내인 프루던스 부인이 그를 설득하여 사람들의 충고를 들어보도록 한다. 그녀는 남편이 들은 모든 충고 가운데서 그녀의 충고가 최선이란 것을 납득시킨다.

잡힌 3명의 도둑은 프루던스 부인 앞에 끌려오고 부인은 평화적으로 사태를 해결하자는 의견을 제시한다. 멜리비는 도둑들에게 벌금을 물리고 석방하기로 결정하지만 부인은 그같은 조치를 거부한다. 그러자 멜리비는 도둑들을 용서하고 책망하며 자신의 관대함을 자화자찬한다. 우리는 소피아에게 무슨 일이 일어났는지 알지 못한다.

(1885행에 걸쳐 계속되는) 이 지루한 논쟁 속의 중심 인물은 멜리비의 아내 프루던스 부인이다. 중심 주제는 폭력에 의한 상해를 또 다른 폭력으로 보복하느냐의 여부다. 두 사람이 도둑들에게 복수를 할 것인지를 놓고 진퇴양난에 빠진

가운데 문제 해결에 참작할 수 있는 권위 있는 인물들은 많다. 가장 유명한 인물들만 예를 들면 다음과 같다. 욥, 솔로몬, 성 바울, 시라크의 아들 예수, 성 아우구스티누스, 성 제롬, 성 조지, 교황 이노센트, 오비드, 카터, 세네카, 키케로. 뿐만 아니라 지방의 의사들과 법률가들, 분별력 있는 노인들, 성급한 청년들과 기타 사람들이 가세하여 각기 수많은 격언들을 인용한다. 이야기를 그처럼 길게 만든 것은 한 등장인물이 말을 할 때마다 당면한 주제에 관해 생각할 수 있는 최대한의 인용문을 동원하여 자신의 견해를 뒷받침하기 때문이다. 사실 이 이야기는 다소 산만하게 구성된 인용문의 집합체다.

문체탐색 초서는 이 이야기의 목적이 아무리 진지하다 해도 희극에 가까울 정도로 장황하다는 것을 깨달았던 것이 틀림없다. 프랑스 원본보다 훨씬 더 길다. 초서 연구의 한 권위자는 이 이야기가 중세의 한 가지 문학적 장치의 중요한 사례라고 설명한다. 그 장치란, 흔한 상투어와 억지 풍유, 생기가 없고 끝없이 지루한 도덕적 설교로 가득한 수필이다. 일부 학자들은 이 이야기가, 초서가 짓궂게 토파스 경 이야기의 짝으로 쓴 작품이라는 견해를 제시한다.

수사의 이야기

운명은 변덕스럽다

주인은 수사에게 즐거운 이야기를 요청하지만 수사는 대신 일련의 주옥 같은 비극을 이야기한다. 전체 이야기는 한 인간의 일생에서 운명이 담당하는 역할을 다룬다. 수사는 루시퍼, 아담, 헤라클레스, 삼손, 네로 등과 같은 인물들에 관한 일련의 요약된 이야기를 통해 운명의 변덕을 장황하게 열거한다. 이 모든 사람들은 처음에 운명의 총애를 받지만 결국 버림을 받았다. 기사가 말을 가로막고 즐거운 이야기를 간청하자 수사는 이야기를 끝낸다.

풀어보기

주제 탐색 수사의 비극 이야기는 세상의 모든 부와 지위가 환상이며 자부심을 느끼는 사람들의 몰락을 막을 수 있는 것은 아무것도 없다는 우울한 소식을 전한다. 수사는 이야기 소개에서 자신의 주제를 다음과 같이 요약한다. "행운이 달아나기로 결정할 경우 그 어떤 인간도 운명의 진로 안에 머물거나 운명을 잡아둘 수 없는 것이 분명하다. 그 누구도 맹목적인 번

영을 믿도록 해서는 안 된다."

　　초서가 수사를 위해 이런 이야기들을 쓴 까닭은 불분명하다. 이야기들은 단조롭고 뻔한 도덕론 — 사람은 변덕스러운 운명에 의존할 수 없다 — 은 독자에게 별로 놀라운 것이 아니다. 이 이야기는 초서의 초기 작품들 가운데 하나로 흔히 생각된다. 이 이야기에는 초서의 다른 이야기 대다수가 지닌 섬세함이 없는 것은 분명하다. 일부 권위자들은 초서가 한때 여러 가지 비극에 관한 책을 집필하려고 했으나 완성하지 못한 것이, 〈캔터베리 이야기〉 속에 이같은 비극 이야기들이 포함된 것을 설명해 줄 수 있다고 생각한다. 당시 흔해빠졌던 이런 일화들은 수사가 이야기하는 것이 적합해 보인다.

수녀원 지도신부의 이야기

:줄거리 수탉과 여우

　매우 가난한 미망인이 2명의 딸과 함께 작은 오두막에 살고 있다. 그녀의 가장 큰 재산은 촌티클리어라고 불리는 기품있는 수탉 한 마리다. 이 수탉은 잘 생겼다. 그의 울음소리를 당할 수 있는 수탉이 그 지방의 어느 곳에도 없다. 그는 자신이 7마리의 아름다운 암탉들의 주인이라고 생각한다. 이 암탉들 가운데서 가장 아름답고 우아한 암탉이 레이디 퍼틸로티다. 이 암탉은 촌티클리어의 마음을 사로잡고 있으며, 그의 모든 영광과 곤경을 함께 한다.

　어느 봄 날 아침 촌티클리어는 그를 잡으려고 애쓰는 짐승 한 마리가 마당 안을 배회하는 무서운 꿈을 꾸다 잠에서 깨어난다. 이 짐승의 무늬와 털은 여우와 매우 흡사하다. 레이디 퍼틸로티는 "부끄러운 줄 알아요 … 용기 없는 겁쟁이 같으니!"라고 소리치고 꿈을 무서워하는 것은 겁쟁이나 하는 짓이며 그런 두려움을 나타냄으로써 그는 그녀의 사랑을 잃었다고 말해 준다. 그녀는 그가 과식을 했기 때문에 꿈을 꾸었고, 꿈에 아무 의미가 없는 것은 잘 알려진 사실이라고 말한다. 그에게는 단지 완하제(緩下劑)가 필요하다는 것이다. 촌티클리어는 레이디 퍼틸로티에게 감사한다. 그러나 그는 꿈이 매우 분명한 의미를 지니고 있다는 권위자들의 견해를 인용하며 자신은 완하제가 필요 없다고 주장한다.

　얼마 후 촌티클리어는 돈 러셀이란 여우의 모습을 보게 되며 여우는

농장마당 부근에 숨어 있다. 촌티클리어가 달아나려고 하는데 여우는 촌
티클리어의 아름다운 목소리를 듣기 위해 왔을 뿐이라고 부드러운 목소
리로 말한다. 허영심에 들뜬 수탉은 이 말을 듣고 눈을 감은 다음 노래를
부르기 시작한다. 그 순간 여우가 수탉에게 뛰어가 목 부근을 물고 서둘
러 떠난다. 헛간마당에 있던 암탉들이 끔직한 소동을 일으켜 집안의 모두
를 깨운다. 이내 미망인과 두 딸, 개, 암탉들, 거위들, 오리들, 심지어 벌
들까지 여우를 뒤쫓아간다.

　촌티클리어는 여우에게 뒤를 돌아보며 큰소리로 추적자들을 모욕하
라는 의견을 낸다. 촌티클리어의 의견이 좋다고 생각한 여우가 말을 하려

고 입을 벌리자 이 틈을 타서 촌티클리어는 재빨리 나무 꼭대기로 도망친다. 여우는 칭찬과 아첨으로 촌티클리어를 다시 유혹하여 내려오게 하려고 애쓰지만 수탉은 이미 교훈을 얻었다.

이야기의 마무리 부분에서 주인은 수녀원의 사제를 칭찬한다. 사제의 우람한 체구를 바라본 주인은 사제가 속세 사람이었다면 그의 남성미로 단지 7마리의 암탉이 아니라 17마리가 필요할 것이란 의견을 밝힌다. 그는 좋은 이야기를 한 '사제 경'에게 감사하고 새로운 이야기를 듣기 위해 다른 사람에게 고개를 돌린다.

풀어보기

수녀원 지도신부의 사제의 이야기는 걸작들 가운데 들며, 몇 가지 차원의 기능을 발휘한다. 이 이야기는 동물들이 사람처럼 행동하는 동물우화라고 불리는 문학 양식의 대표적인 사례다. 결과적으로 이런 유형의 우화는 종종 인간에 대한 모욕이나 인간의 약점에 대한 논평인 경우가 많다. 동물들이 인간처럼 행동한다는 발상은 인간이 종종 동물처럼 행동한다는 것을 시사한다.

문학적 장치 이 이야기는 영웅조롱이란 기법을 이용해 전개된다. 이 기법은 사소한 이야기를 크고 보편적인 중요성을 가진 사건처럼 과장하는 것이다. 영웅조롱 기법의 탁월한 예인 알

렉산더 포프*의 〈머리타래의 강탈 *The Rape of the Lock*〉에서
와 같이 사소한 사건(포프의 경우 머리타래의 절도 행위)을
대단한 사건처럼 취급한다. 따라서 여우인 돈 러셀이 촌티클
리어를 입에 물고 달아나자, 추격대에는 부근에 있던 모든 동
물이 참여한다. 그리고 전체 장면은 서사시 영웅들의 장려한
행동을 추어올리는 대목처럼 고상한 언어로 묘사된다. 초서는
헛간 뜰에서 수탉을 잡는 여우의 행위를 묘사하기 위해 고상
한 언어를 쓴다. 여우의 수탉 사냥은 고전적인 서사시들과 거
리가 먼 사건이다. 추격 자체는 일리어드에서 아킬레스가 헥
토르를 뒤쫓아 성벽을 도는 광경을 연상시킨다. 촌티클리어의
처지를 호머의 헥토르에 비교하고, 여우를 뒤쫓는 일행의 추
격이 고전적 서사시의 추격과 비슷하다고 암시하는 것은 상황
의 희극적인 부조화를 나타낸다.

**문체
탐색** 영웅조롱의 논조는 다른 몇 가지 경우에도 사용된다.
사제가 돈 러셀의 수탉 생포를 설명하고 그 사건을 다
른 저명한 반역자들 ― '새로운 가롯 유다, 제2의 가넬롱** 및

---

* **알렉산더 포프**(Alexsander Pope, 1688-1744): 영국의 고전주의를 완성한 시인·비평가.
  비평과 시의 규칙을 서술한 〈비평론 *Essay on Criticism*〉으로 확고한 위치를 다졌으며, 자기
  가 싫어하는 출판업자·시인·학자들을 철저하게 조롱한 풍자시 〈우인열전(愚人列傳) *The
  Dunciad*〉이 대표작.
** **가넬롱**(Ganelon): 프랑스 최고, 최대의 무훈시 〈롤랑의 노래 *La Chanson de Roland*〉에 등
  장하는 샤를마뉴 황제의 12 성기사 중의 한 명으로 롤랑을 배신한다. 단테의 작품에서 그는 지
  옥으로 떨어진다.

위선자, 그리스 시논'*─의 경우처럼 언급하고, 헛간 뜰의 동물들이 고도의 철학적·신학적 문제들을 논의할 때다. 레이디 퍼틸로티와 촌티클리어가 헛간 뜰의 닭들 가운데서 고도의 지적·윤리적 논조로 하느님의 예지에 관해 토의하는 것은 희극적 역설의 절정이다. 우리는 또한 하느님의 예지를 논의하는 이유를 기억해야 한다. 레이디 퍼틸로티는 촌티클리어의 꿈 혹은 악몽이 변비 때문이라고 생각하고 완하제를 권한다. 촌티클리어의 대답은, 꿈에 관해 논평하는 고전적인 원전들의 탁월한 활용이며 완하제가 불필요하다는 것을 증명하는 놀라우리만치 희극적인 수단이다. 영웅조롱에서 인류는 인간적 품위를 대부분 상실하고 동물적 가치관으로 전락한다.

🔵 **주제탐색** 수녀원 지도신부의 여러 가지 개념과 입장은, 미망인의 단순한 생활과 수탉 촌티클리어(초서의 영어에서는 이 단어가 '분명한 노래'를 의미)로 상징되는 부유한 사람들과 위대한 사람들의 생활 양쪽에 대한 온건한 역설적인 태도 속에 성립된다. 사제의 이야기 도입부분의 몇 행은 이같은 대비를 설정한다. 재산이 거의 없고 수입이 적으며 가난하고 늙은 미망인은 검소해서 생활비가 많이 들지 않는다. 여기서 암시하는 바는 겸손한 기독교도의 생활은 부자보다 가난한 사람

---

* **시논**(Sinon): 트로이 전쟁에서 트로이 목마와 함께 남겨진 그리스 병사(오디세우스의 사촌동생). 트로이인들에게 목마는 아테네 여신에게 바친 것이며, 이것을 성 안으로 끌고 들어가면 난공불락의 성이 되기 때문에 거대하게 만든 것이라고 거짓말을 하여 트로이인들을 속인다.

이 더 쉽다는 것이다. 부자는 촌티클리어처럼 많은 의무와 커다란 책임을 가지고 산다. 촌티클리어가 새벽에 울지 않으면 해가 뜰 수 없다.

　　지도신부는 빈자와 부자의 인간세계를, 가난한 미망인과 우아한 촌티클리어의 묘사 속에서 대비시킨다. 미망인의 침실은 '검댕 투성이'다. 그녀가 빈약한 식사를 수없이 지었던 화덕의 불꽃에서 나온 검댕 때문에 검어진 것이다. 여기서 대비되는 점에 주목하자. 미망인의 거실을 묘사한 용어는 당시 궁정의 품위 있는 표현형식이며 성의 이미지를 연상시킨다. '검댕'과 거실 혹은 홀이란 개념은 모순된다. 부자에게는 절대 그런 일이 일어나지 않는다. 그러나 검댕은 농부의 오두막에서는 피할 수 없다. 그리고 농부의 관점에서 볼 때 부자의 청결 결벽증 역시 불합리하다. 물론 빈약한 식사도 부자들에게는 생각할 수 없다. 그러나 빈약한 식사는 가난한 미망인이 먹는 전부다. 마찬가지로 미망인은 사냥감(사슴, 백조, 오리 등)으로 만든 식료품이나 철이 지나서 보관된 육류와 귀족적인 요리법이 불필요하기 때문에 '고급 소스'도 별 필요가 없다. 그녀는 자신의 '목구멍'을 통과시킬 '맛있는 음식'도 없다. 그러나 초서가 예상된 '입술'이란 단어를 '목구멍(throat)'이란 단어로 바꿀 때, 그 이미지가 연상시키는 맛있는 음식은 더 이상 맛이 없다. 귀족적 질병인 통풍은 미망인이 춤추는 것을 막지 못한다. 어쨌든 그녀가 춤을 출 가능성은 희박하다. 춤은 젊은 사람들이나 부자들이 추는 것이다. 경건한 하층계급 기독교도인 미망인은 모든 종류의 춤을 경멸한다. 간단히 말해, 미망인에 관한 전체 묘사는 부자와 빈자 양쪽을 모두 역설적 시각으로 바라본다.

촌티클리어의 이야기로 되돌아간 수녀원 지도신부는 다른 역설적인 몇 가지 방법으로 부자들의 생활에 관한 의견을 표현하기 시작한다. 촌티클리어는 매우 뛰어난 재능과 여러 가지 엄숙한 책임을 지고 있다. 그러나 수탉의 재능(우는 것)은 그가 아무리 자부심을 느낀다 해도 가소로운 것이다. 현대 영어와 마찬가지로 중세 영어에서도 우는 것(crowing)은 자랑이나 허세를 의미할 수 있다. 아침에 해가 지지 않도록 하는 촌티클리어의 의무는 웃기는 것이다. 아내들을 돌보는 책임 역시 시시한 것이다. 인간의 오만을 분석하는 수녀원 지도신부의 방법 가운데 일부는, 신부가 생각할 수 있는 모든 고귀한 특성과 촌티클리어를 역설적으로 동일시하는 것이다.

주제 탐색 독자는 헛간 뜰과 또 다른 유형의 헛간 뜰일 수도 있는 실제 세계와의 대비를 항상 의식해야 한다. 즉 동물들의 '인간성'과 '고귀성'이 그들의 헛간 뜰 생활을 배경으로 역설적으로 나란히 놓여진다. 이런 대비는 <u>인간의 가식과 야망에 대한 완곡한 비평</u>으로, 돈 러셀이 촌티클리어에게 노래를 하라고 부추기고 여우의 아첨에 현혹된 촌티클리어가 자기를 배신하는 행동을 할 때 분명해진다. 촌티클리어의 탈출 또한 아첨을 통해 이루어진다. 돈 러셀은 입을 다물고 있어야 할 때 쓸데없는 말을 지껄이거나 아첨에 귀를 기울여서는 안 된다는 교훈을 배운다. 촌티클리어는 아첨과 오만이 멸망의 앞잡이란 교훈을 배웠다.

둘째 수녀의 서언과 이야기

 성 세실리아의 전설

두 번째 수녀는 서언과 더불어 자기 이야기를 시작한다. 그녀는 서언에서 근로의 가치와 나태의 위험을 설명한다. 그녀는 또 성모 마리아에게 기도를 올리고 세실리아에 관한 이야기를 잘하도록 도와달라고 요청한다. 그녀는 세실리아란 이름의 의미를 설명한다.

고귀하고 젊은 세실리아란 귀부인은 성모 마리아와 정절을 대단히 사랑하여 영원히 처녀로 남기를 원한다. 그러나 결국 발레리안이란 남자와 약혼하게 되자 결혼식 날 밤 신랑에게 그녀의 몸을 범하는 사람은 누구나 수호천사에게 살해당할 것이라고 말한다. 발레리안은 이 수호천사를 보고 싶어 하지만 먼저 교황 우르반에게 세례를 받아야 한다. 그리하여 그는 교황의 세례를 받게 되는데, 그동안에 유일신이라고 선언하는 환영을 목격한다. 아내에게 돌아온 발레리안은 그녀의 수호천사를 보게 되자 자신의 소원을 한 가지 들어달라고 부탁한다. 자기 동생 티버스가 세례를 받도록 해달라는 것이다.

얼마 후 알마키우스란 타락한 이교도가 세실리아를 잡아간다. 재판에서 판사가 세실리아에게 질문을 한다. 그녀는 총명하게 답변을 했음에도 사형선고를 받고 뜨거운 물 속에 넣어지지만 죽지 않는다. 이어 처형자들은 세실리아의 머리를 세 차례 베려고 시도했다가 실패한다. 그녀는 사흘을 더 살고, 그 동안 노래를 부르며 불신자들을 개종시킨다. 마침내 그녀가 죽자 교황 우르반은 그녀의 시신을 몰래 거두어 안장하고 그녀의 집을 성 세실리아 교회로 명명했다.

초서 시대에 수녀들은 성인들에 관한 이야기를 의무적으로 읽어야 했기 때문에 세실리아 이야기는 둘째 수녀에게 적절한 선택이다. 그녀가 마리아에게 올린 기도는 기도의 전형이며, 여기서는 성 세실리아의 이야기가 순결에 관한 것이기 때문에게 더욱 그렇다.

문학적 장치 사람 이름의 설명은 초서 시대에 즐겨 쓰던 기법이다. 둘째 수녀의 설명은 어원학적 관점에서는 정확하지 않는 '그녀의 처녀성으로 인해 천국의 백합'과 세실리아를 동일시한다는 전통적인 해석이 내포되어 있다. 그녀의 모범적 가르침은 맹인들(비기독교도들)이 걸어야 할 길이며, 적극적인 생활을 상징하는 성경의 인물 레아와 천국의 결합이기도 하다.

사람들은 하늘의 해와 달과 별들을 보는 것과 같이 세실리아에게서 그녀의 신앙과 관대함, 확고한 지혜와 탁월한 업적을 본다. 세실리아는 중세 '현자(賢者)의 돌''을 상징한다.

---

* **현자의 돌**(철학자의 돌 philiosopher's stone): 중세의 연금술사들이 비금속(卑金屬)을 황금으로 바꿀 수 있는 재료가 있다고 믿고 거기에 붙인 명칭. 연금술사들은 이것을 찾아내기 위해 온갖 물질들을 녹이고 끓이며 혼합하는 등 갖은 노력을 기울였다.

이는 영혼의 정화를 상징하는 은유다. 그러므로 세실리아와 천국이 동일하다면 그녀는 (상징적으로나 정신적으로) 납을 금으로 변화시키거나 이교도를 기독교도로 변화시킬 수 있다.

초서 시대에 수녀들은 순결을 지키기 위해 갖가지 무서운 장애와 맞서 글자 그대로 싸우고 수많은 고통을 감수했기 때문에 성녀로 추대된 여자들의 이야기를 많이 읽었다. 둘째 수녀의 이야기는 이러한 배경을 지니고 있다. 여자 성인들의 이야기와 처녀성을 유지하기 위한 그들의 투쟁에 정통한 둘째 수녀로서는 성 세실리아의 전기를 소개하는 것이 자연스럽다. 세실리아의 전기에는 강제결혼, 헌신적인 순결 유지, 순결 유지로 인한 처벌과 기적이 들어 있다.

이런 유형의 성자 이야기가 지닌 호소력을 현대 독자들이 이해하기는 매우 어렵다. 중세에는 오늘날 일반적으로 성모 마리아 숭배로 알려진 현상이 널리 퍼져 있었다. 이런 숭배는 일부 신앙심 깊은 사람들로 하여금 순결과 처녀성 유지에 이례적인 가치를 부여하도록 만들었다. 처녀는 높은 존경을 받았다. 여자의 몸은 최고의 예의로서 보존되어야 하는 순결의 제단이 되었다

성당참사 종자의 서언과 이야기

 연금술사의 사기 행각

성 세실리아 이야기가 끝나자 쓰러질 듯한 늙은 말을 탄 성당참사와 더 쇠약한 말을 탄 그의 하인이 순례자 일행 쪽으로 다가온다. 주인은 두 사람을 환영하고 해줄 이야기가 있느냐고 묻는다. 하인은 즉시 자기 주인이 우습고 유쾌한 이야기를 많이 알고 있다고 대답하고, 자기네 직업의 여러 가지 비결과 자신의 연금술에 관한 지식을 늘어놓기 시작한다. 하인이 모든 것을 털어놓을 계획이라는 것을 알아차린 성당참사는 창피해서 슬그머니 자리를 뜬다.

하인이 한 이야기의 첫 번째 부분은 자전적이다. 그는 자신이 과거 좋은 옷을 입고 안락한 생활을 했으며, 자신과 성당참사는 연금술사이고, 두 사람의 연금술 실험이 항상 실패해서 자신이 많은 빚을 지고 있다고 설명한다. 이어 자신의 실패한 직업과 연금술 실험, 그리고 현자의 돌을 찾는 데 실패한 것을 설명하려고 애쓴다. 이 이야기는 성당참사 하인의 이야기 제2부에 포함되어 있다.

연금술을 하는 성당참사는 한 사제로부터 1마르크를 빌린다. 3일 뒤 성당참사는 1마르크를 갚으면서 자신이 발견한 사실 몇 가지를 밝히겠다고 제의한다. 그는 소량의 수은을 가져오게 하여 속임수를 써서 그가 수은을 진짜 은으로 변화시켰다고 그 사제가 믿도록 만든다. 속임수를 알아차리지 못한 사제는 매우 기뻐한다. 사제를 세 번 속인 성당참사는 매번 가치가 낮은 물질(수은, 백묵, 나뭇가지)을 은으로 '변화'시킨다. 속아넘어간 사제는 성당참사로부터 비결을 40파운드에 사고, 성당참사는 즉각 자취를 감춘다. 하인은 연금술이란 주제와 연금술사들이 사용하는 온갖 터무니없는 용어의 집합을 맹렬히 비난하는 것으로 이야기를 끝낸다.

둘째 수녀의 이야기가 끝나자마자 낯선 나그네들, 즉 성당참사와 그의 하인이 말을 몰아 순례자들에게 다가와 합류한다. 하인은 어쩌다가 성당참사가 도둑과 다를 바 없는 연금술사란 사실을 밝힌다. 성당참사는 일행으로부터 달아남으로써 자신의 비열한 행위를 시인하고, 하인은 연금술을 비난한다. 하인은 비난 이유를 순례자들과 자신에게 두 가지 방식으로 설명한다. 첫째, 이야기의 제1부에서는 자기 주인과 같은 연금술사들의 자부심에 관한 검토를 통해 극도로 비이성적인 자기기만을 하는 총명한 사람은 다른 사람들을 잔인하게 속이게 된다는 주장을 펼친다. 제2부는 모든 부류의 악한들이 연금술로 일반인들을 착취한다는 이유를 들어 연금술을 암암리에 비난하는 우화다.

성당참사나 그의 하인이 이 책의 서문에서 소개되지 않기 때문에 대다수 권위 있는 학자들은 성당참사 종자의 서언과 이야기가 책 전체 서문보다 훨씬 뒤에 집필되었다는 데 의견을 같이 한다.

　　중세에 사람들은 특정의 한 천한 금속들이 여러 해 동안 땅속에 묻혀 있게 되면 마침내 더욱 순수한 귀금속이 된다고 믿었다. 또 연금술사가 이러한 과정을 촉진하여 납 같은 천한 금속을 단기간에 금과 같은 귀금속으로 만들 수 있다고 믿었다. 연금술은 이런 변화를 일으키는 과학으로 간주되었다. 사실 연금술은 완전한 허위였고, 연금술사는 지식이나 기술을 가진 것으로 철저히 가장한 사기꾼이었다.

　　이 이야기의 제1부는 악당의 고백이다. (이 고백을 면죄사 및 바스의 여장부의 서언과 비교해 보라.) 제2부는 연금술사가 가난하고 순진한 사제를 속이는 과정의 이야기다. 연금술사들이 저지르는 죄는, 지적인 오만으로 인해 결국 신앙을 이성으로 대체하는 것이라고 하인은 말한다. 이는 정확히 제2부에서 사제에게 일어나는 일이다. 연금술사가 정직하다는 증거가 비교적 거의 없는 데도 불구하고 사제는 자신의 서약을 잊고 연금술사의 허위 발언을 받아들인다.

식량 조달계의 서언과 이야기

요리사가 술에 취해 잠이 들어 말안장 위에서 꾸벅거리는 모습을 본 주인은 이야기를 요청하기 위해 그를 깨우려고 애쓴다. 그러나 주인의 노력에도 불구하고 요리사는 말에서 떨어진다. 순례자들은 가던 길을 멈추고 많은 애를 써서 요리사를 안장 위에 도로 앉힌다. 조달계가 대신 이야기를 하겠다고 제안한다.

멀리 떨어진 땅에 피버스란 이상적인 남자가 살고 있다. 그는 위대한

전사이며 솜씨가 좋은 음악가이고 용모가 대단히 준수한데다가 친절한 사람이다. 그는 자기 목숨보다 더 사랑하는 아내에게 지극한 친절을 베풀고 사랑한다. 다만 질투심이 매우 강하다.

피버스의 훌륭한 저택에는 경이적인 하얀 까마귀를 한 마리 키운다. 이 까마귀는 들은 말을 모두 반복할 수 있다. 피버스가 외출해 있는 동안 아내의 비밀 연인이 집에 찾아와 그녀와 열정적인 사랑을 나눈다. 까마귀는 피버스가 집에 돌아오자 자신이 본 추잡한 광경을 주인에게 이야기한다. 격노한 피버스는 아내를 죽인다. 화가 가라앉았을 때 아내의 시체를 본 그는 몹시 후회를 한다. 다시 화가 난 그는 까마귀의 흰 깃털을 뽑고 검은 깃털로 바꾼다. 이어 까마귀를 집어던지기 앞서 피버스는 까마귀에게서 노래하고 말하는 능력을 제거한다. 집사는 일행에게 말을 조심하라는 당부로 이야기를 끝낸다.

: **풀어보기**

이 이야기는 매우 단순하지만 식량 조달계의 꾸밈으로 오비드의 〈변신〉에서 발견되는 단순한 전설을 우스꽝스럽게 과장된 이야기로 변모시킨다. 그는 관계가 있든 없든 모든 고전 민담을 모조리 끌어다 붙인다. 심지어는 본론에서 벗어나 목적이 없는 웅변적인 내용들을 반복하려고 이야기를 중단하기도 한다. 그가 이 이야기에 부여하는 윤리관은 분명하다. 추문을 옮기는 것은 위험하므로 말을 조심하고 까마귀에게 신경을 써야 한다는 것이다.

교구신부의 서언과 이야기

 7대 죄악

주인이 교구신부에게 고개를 돌려 이야기를 하라고 하자 엄격한 노인인 교구신부는 순례자들이 그로부터 '우화'나 시를 듣지 못할 것이라고 말한다. 자기는 엉터리 시인이 아닐 뿐더러 사람들을 즐겁게 할 이야기도 없다는 것이다. 그러면서 천국의 도시 예루살렘으로 최후의 순례를 떠나고 싶어 하는 사람들을 위해 작성한 설교를 준비했다고 말한다.

교구신부의 이야기는 엄격하고 공식적인 설교이며 이 세상을 부인하는 길고도 지루한 이야기다. 그는 이 천하고 비참한 속세를 떠나 모든 슬픔이 끝나는 내세의 천국으로 가는 순례가 인생이라고 말한다. 하느님은 어떤 사람도 죽기를 원하지 않는다. 또 천국, 즉 새 천국의 예루살렘으로 가는 정신적인 길은 많다. 고귀한 길들 가운데는 인내와 회개, 고백, 만족 (자선을 베풀고 속죄하며 금식하고 '육체적 고통'을 체험하는 것)이 포함된다. 교구신부는 이어 피해야 할 7가지 치명적인 죄 ― 교만, 시기, 분노, 나태, 탐욕, 탐식, 정욕 ― 에 관해 이야기한다.

: 풀어보기

교구신부의 이야기는 이 작품에서 가장 긴 이야기에 속

하며 갖가지 추상적인 미덕과 죄악에 관한 설교로 인해 더욱 길게 느껴진다. 교구신부는 중세의 설교단이 허용하는 한도 내에서 전심전력으로 설교하고 순례의 목표인 천국과 불멸에 관한 이야기로 끝을 맺는다.

중세 신학은 이 세상의 삶을 일종의 시궁창으로 생각했다. 사람은 가급적 적은 죄를 짓는 가운데 이 더러운 곳을 통과하기 위해 노력해야 하며, 이 세상은 사후의 영광에 도달하기 위해 참아야 하는 (결코 즐겨서는 안 되는) 과정이었다. 결국 교구신부는 서언에서 말한 바와 같이, 사람들을 즐겁게 하기 위한 이야기 대신 설교를 하겠다는 약속을 지켰다. 설교의 내용은 교훈적이며 영생을 얻는 방법을 가르친다. 중세 사람들, 특히 당대의 열성적인 학자들에게 교훈적인 내용은 예술적 성취보다 훨씬 중요하다. 초서는 이러한 설교로 여러 이야기의 끝을 맺고, 이어 자신의 세속적인 모든 작품을 철회한다는 발언이 적절히 뒤를 잇는다.

초서 시대의 교회가 사악한 시대를 맞았다는 것은 순례자들, 특히 교회 조직과 관련된 사람들의 일부 이야기에서 분명히 드러난다. 그러므로 교구신부가 한 설교의 고답적인 윤리적 논조로 모든 이야기의 끝을 맺는 것이 적절하다. 교구신부의 설교는 또한 성 토머스 베켓의 성지를 방문하기 위한 적절한 준비 기능도 하면서 초서의 이야기 철회로 자연스럽게 이어지는 듯이 보인다.

초서의 이야기 철회

능력 부족으로 졸작을 쓰다

캔터베리 이야기의 끝부분에서 초서는 자신의 가장 우수한 작품들의 대부분을 묘하게도 철회한다. 그는 불쾌한 모든 것을, 자신의 의지 때문이 아니라 능력 부족 탓으로 돌려야 한다고 말한다. 능력이 미쳤다면 기꺼이 더 잘 썼을 것이라고 하면서, 이어 그가 취소한 모든 책들의 목록을 열거한다. 그 가운데는 자신의 가장 뛰어난 작품들이 포함된다. 그는 자신에게 모든 사람들이 '그리스도가 나에게 자비를 베풀고 나의 죄를 용서하도록' 기도해 줄 것을 부탁한다.

그가 취소한 책들 속에서 언급된 거의 모든 것은, 주제가 제아무리 세속적일지라도 종교적인 감정이 주입되거나 일관적이다. 초서가 왜 작품을 철회했는지는 분명하지 않다. 많은 사람들은 그가 철회하지 않았기를 바란다. 종교적인 두려움 때문이었는지 혹은 하느님의 화를 돋우고 싶지 않아서였는지는 불확실하다. 어쨌거나 초서는 자신의 세속적인 작품 모

두를 취소했다. 흥미로운 점은 그가 가장 큰 죄를 범했다고 생
각한 작품들을 불태우지 않고 '죄에 물든 시(詩)'와 같은 책
속에 남겨둔 점이다.

인물분석
노트

○ 해리 베일리, 주인

주인은 자신이 대단히 훌륭한 여행 안내자임을 입증한다. 그 임무는 다양한 순례자들의 비위를 맞춰야 하기 때문에 매우 어렵다. 그는 대다수 주장을 처리하고 일행을 통솔할 수 있다는 것을 증명한다. 요리사가 술에 취해 말에서 떨어졌을 때조차도 안전하게 다시 말에 태운다.

또 방앗간 주인과 장원 청지기, 탁발 수사와 면죄사 사이의 의견충돌을 해소하기도 한다. 교구신부가 지나치게 고상한 체 하는 것을 놀린다. 일부 순례자들의 반감을 사는 바스의 여장부의 긴 서언을 참아준다. 남은 시간이 촉박해지면 일행에게 각자의 이야기를 하도록 부드럽게 자극한다. 자신에 대한 야유를 너그럽게 받아들인다. 전반적으로 그는 훌륭한 지도자이며 유능한 중재자이고 평화유지자이며 다양한 사람들을 다룰 줄 아는 세상물정에 밝은 사람이다.

○ 기사

사회적으로 기사는 순례자 일행 가운데서 지위가 가장 높다. 그는 수많은 전투에 참가했고 왕에게 고귀하게 봉사했다. 독자들은 기사가 여러 세속적인 전투에서 싸우지 않은 점에 주목해야 한다. 그의 모든 전투는 성격 면에서 종교적인 전투였다. 그는 기사도와 명예 및 용기의 정수이다. 마찬가지로 그는 귀족 가문의 화신으로서 진리와 자유와 명예를 사랑한다. 순례자 모두가 그를 우러러보고 존경한다.

높은 지위에도 불구하고 지극히 겸손하다. 말다툼에 개입하지 않고 불평하지 않으며 불평을 책망하지도 않는다. 몇 차례 전투에서 뛰어난 공을 세웠으나 결코 자신의 용감한 행위에 관해 언급하지 않는다. 자기 지위에 완전히 만족하고 다른 순례자들과 친밀한 관계를 맺지 않으면서도 공손한 태도를 취한다.

'기사의 이야기'는 그 자신과 완벽하게 어울린다. 그는 기사들과 사랑, 명예, 기사도 및 모험으로 가득한 이야기를 한다. 그의 이야기는 명예와 예의범절 및 올바른 처신에 중점을 둔다. 그가 자기 이야기의 주인공으로 선택한 테세우스는 고대 그리스 문화에서 가장 높이 평가받는 인물이다. 실제로 테세우스는 아테네의 왕이었고, 소포클레스는 3대 비극에서 그를 이상적인 왕으로 제시했다. 테세우스는 기사 자신과 마찬가지로 모든 인간적 미덕의 화신이다.

O 방앗간 주인

방앗간 주인의 외모는 자신의 이야기와 어울린다. 그는 행동이 투박하며 많은 사람들에게 음란한 인간으로 비친다. 체구가 거대하고 '근육과 뼈가 매우 크고 강한 사람'이다. 그는 항상 레슬링에서 이긴다. 그는 사람들이 두려움을 느끼는 외모를 가졌고 속물이다. 가장 주목할 만한 신체적 특징은 엉겅퀴만큼 길고 붉은 털이 자라는 코끝의 큰 사마귀다. 순례자들의 대부분이 갖가지 종교적 이유 때문에 캔터베리로 간다고 한다면 방앗간 주인은 아마도 예고된 치료 효험의 혜택을 보러 갈 가능성이 있다. 그는 면죄사처럼 사람들이 어두운 곳에서 만나기를 꺼리는 인간이다. 그의 이야기는 구성이 아주 뛰어나며 모든 이야기들 가운데서 익살맞은 상황설정이 가장 우수하다. 그의 이야기 속에서 입증된 바와 같이 방앗간 주인은 목수들에게 원한을 가진 것이 분명하다. 어쩌면 과거 목수 길드 조합원이었던 장원 청지기에 대해 개인적인 원한을 품었을 가능성도 있다.

○ 바스의 여장부

　　놀라운 이야기로 가득한 그녀의 서언을 읽은 거의 모든 사람이 그녀에게 흥미를 느낀다. 그러나 일부 사람들에게는 그녀의 서언 내용이 몰상식하기 짝이 없다. 여장부는 현대의 해방된 여성의 선구자다. 결혼생활에 관한 그녀의 원칙은 동료 순례자들에게 충격을 주어, 독신남자가 결혼하기를 결코 원하지 않으려 할 정도의 반응을 일으킨다. 서생과 교구신부에게 그녀의 견해는 수치일 뿐만 아니라 이단적이기도 하다. 그녀의 원칙은 교회의 가르침에 위배된다. 그녀의 각종 견해는 서생을 자극해 그녀의 이야기와 정반대되는 인물에 관한 이야기를 하도록 만든다.

그녀의 서언은 순례자들 가운데서 그 누구도 생각하지 않은 결혼관을 제시한다. 그녀는 집안의 우두머리는 항상 여자가 되어야 하며, 남자는 여자의 경쟁 상대가 못 되고, 남자는 여자에게 복종하는 법을 배우는 순간 행복한 결혼생활을 발견하게 될 것이라고 밝힌다. 그리고 이어지는 이야기에서 그녀가 옳다는 것을 입증한다. 그녀는 무한한 열정과 확신을 가지고 자기 견해를 표현하기 때문에 어떤 순례자도 그녀의 논리를 반박하지 못한다.

또한 서언에서 모든 종류의 학문적 지식에 대해 언급함으로써 자기 입장을 훌륭하게 뒷받침하고, 일부 권위 있는 자료가 자기 견해와 일치하지 않을 때는 그것을 일축하고 대신 자신의 경험에 의존한다. 그녀의 견해는 학문적 비판보다 더 훌륭하다.

○ 면죄사

면죄사의 서언과 이야기에 비춰볼 때 독자는 그가 독서를 많이 했고 교활하며 직업적으로 상당한 이득을 얻는다는 것을 알게 된다. 그러나 초서는 면죄사를 사회계층 분류의 최하위에 놓는데, 이는 면죄사가 개인의 이익을 얻는 수단으로 교회와 종교적인 사물을 이용하기 때문이다. 중세의 걸작인 〈신곡 *Divine Comedy*〉에서 단테는 9개의 동심원으로 구성된 지옥을 설정한다. 첫 번째 원은 가장 경미한 죄인들을 위해 준비되어 있고, 다음의 각 원은 죄질이 더 나쁜 사람들을 수감하며 가롯 유다와 브루투스 같은 배신자들이 포함된 가장 해롭고 악독한 죄인들을 수감하는 원이 마지막으로 나타난다.

단테의 '지옥'에서는 배신자들이 수감된 바로 위에 개인적 이익을 위해 성유물을 판매하거나 교회의 직무를 이용하는 죄인들인 성직매매자들이 있다. 성스러운 목적을 그런 식으로 악용하는 죄에 대한 벌은 매우 엄했다. 결과적으로 중세 교회의 질서에서 면죄사와 그의 죄는 극악무도한 것이다. 다른 순례자들은 면죄사의 죄를 알고 있으며, 그에 대한 반감은 면죄사의 이야기가 끝날 때 주인에 의해 표현된다. 면죄사는 이야기를 마치고 자신의 '면죄부들' 가운데 하나를 주인에게 팔려고 노력하는 과정에서 철면피하고 위선적인 행동을 한다.

면죄사는 순례자들 가운데서 가장 사악한 인간임에도 불구하고 가장 흥미로운 인물이다. 그가 지닌 가장 도발적인 측면은 자신의 위선과 탐욕을 자발적으로 공개하는 점이다. 일부 비평가들은 그가 〈캔터베리 이야기〉에서 가장 철저하게 현대적인 인물이라고 말한다. 특히 자기의 희생자들을 속이기 위해 현대적인 심리학을 활용하는 면에서 그렇다. 마찬가지로 그의 자기 평가는 그의 성격에 주목하도록 만든다. 그는 자신이 윤리적인 인간은 아니지만 매우 윤리적인 이야기를 할 수 있다고 주장한다. 이런 개념 하나만으로도 그는 주목할 만한 인물이다.

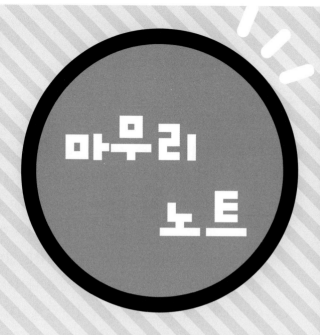

마무리
노트

결혼의 주도권 *vs.* 아내의 순종

　'바스의 여장부의 이야기'와 '서생의 이야기'는 부부의
역할 혹은 각종 의무에 관한 정반대 견해를 표현한다. 간단히
말하면, 바스의 여장부는 여자가 남편에 대해 완전한 주도권
을 가진 연후에만 결혼이 행복해질 수 있다고 한다. 그녀의 이
야기는 이러한 믿음의 실제 사례다. 이 점에 대해 여장부에게
다음날 아침 감히 이의를 제기하는 사람은 없다. 온건한 서생
이 그의 이야기를 하라는 권유를 받고 나서야 그가 여장부의
이야기에 크게 화가 난 것을 우리는 알게 된다. 여장부의 이야
기에 당혹감과 혐오감을 느꼈던 서생은 인내심이 있고 순종적
인 아내에 관해 이야기를 한다. 변함 없는 헌신으로 아내는 남
편에게 복종한다. 사랑하는 자녀들을 다른 사람들에게 보내라
는 명령까지 순순히 받아들일 정도다. 서생의 이야기 속에 등
장하는 아내는 남편의 가증스러운 요구에 대해 불평하지 않는
다. 반대로 바스의 여장부는 남편이 원하는 것을 겸손하게 따
르기보다는 가정의 주도권을 잡기 위해 육체적 지배를 포함한
모든 방법에 호소한다.

　　두 이야기는 각자의 견해를 극단적으로 과장했다는 한
가지 공통점을 갖고 있다. 만약 그리셀다가 너무 잔인하게 다
뤄졌다는 것을 독자가 인정할 경우, 남편이 아내의 지배를 받
아야 한다는 여장부의 주장은 한층 설득력을 갖는다. 그러나

여장부의 이야기가 그녀의 갖가지 견해를 눈부시게 과장하는
것과 마찬가지로 서생의 이야기는 여장부의 이야기에 대한 거
부감을 과장하고 있다.

서생은 그리셀다가 지나친 인내심을 발휘했을 가능성
이 있다고 주장하면서도 여자가 모든 결혼생활에서 주도권을
쥐어야 한다는 여장부의 전제를 거부한다. 그러나 지나치게
소심하고 점잖은 체 하는 서생의 주장은 여장부의 밀어부치기
식 주장에 덮여버리고 만다.

노인과 젊은 아내

서구 문명의 역사에서 아주 나이가 많은 남자가 18세
미만의 어린 처녀와 결혼한다는 개념은 희극의 지속적인 원천
이 되어왔다. 여기에서는 젊은 아내가 늙은 남편을 속여먹는
영악하고 재치 있는 방법들을 가장 흔하게 다룬다. 오늘날까
지도 이러한 상황은 변하지 않았고 청중은 속임수를 성공시키
는 행동거지와 방법에서 즐거움을 느낀다.

이런 이야기 혹은 우화시(寓話詩) 유형의 기본적인 가
정은, 노인이 훨씬 젊은 여자와 결혼할 정도로 어리석을 경우
에는 바보 취급을 당해 마땅하다는 것이다. 또 다른 일반적인
구성의 특징은 늙은 남편이 독재적이고 질투가 많으며 종종
젊은 신부를 가두거나 엄격한 감시 아래 두어 속을 여지를 남

기지 않는 것이다. 그러므로 이런 유형의 이야기가 주는 즐거움, 아내가 남편을 속이기 위해 사용하는 총명한 방법들이나 일부의 경우 독재적인 남편을 굴복시키는 데 따르는 '시적인' 정의에 있다.

그리고 유혹자는 항상 남편보다 훨씬 젊고 용모가 준수하고 성적으로 왕성하다. 유혹자의 신분은 폭넓게 다양하다. 노인의 집에 하숙하는 사람이나 마을 사람, 혹은 지나가는 나그네일 수도 있다.

● 방앗간 주인의 이야기

초서는 우화시의 범주에 적합한 이야기를 많이 발표했으나 '방앗간 주인의 이야기'가 이 개념에 완벽하게 맞으면서 가장 뛰어난 우화시로 간주된다. 이 이야기에서 우리는 젊은 아내 앨리슨과 결혼한 늙은 목수 존을 보게 된다. 목수는 아내를 매우 엄격한 통제 아래 둔다. 그러나 존은 어리석다. 그는 성적으로 왕성한 젊은 대학생 니콜라스가 자기 집의 한 방에 살도록 허용한다. 노인은 집에서 작업을 하고 젊은 아내를 항상 감시하기 때문에 아무 일도 일어날 수 없다고 잘못 생각하는 것이다. 니콜라스가 처음 앨리슨을 껴안았을 때 그녀는 놀라서 화를 내지만 두 사람은 서로에게 끌린다. 처음에 이런 끌림은 오로지 육체적인 것이다. 그러나 두 사람이 섹스를 할 수 있도록 목수를 집 밖으로 몰아내기 위해 지극히 복잡하고 교묘한 계획을 고안하면서 유대는 더욱 강화된다.

희극적 요소는 계획의 복잡성에 있으며, 이 계획은 다른 구애자인 압살론의 간섭으로 더욱 복잡해진다. 모든 우화시와 마찬가지로 니콜라스와 앨리슨이 의심 없이 접근하는 청년에게 장난을 치고 그 청년으로 하여금 음란행위(그녀의 궁둥이에 입을 맞추는 것)를 하도록 강요하는 과정이 도입된다.

'방앗간 주인의 이야기'가 발휘하는 매력의 일부는, 남자들이 각자 받아 마땅한 응보를 받는 점이다. 목수 존은 젊은 처녀와 결혼하고 그녀를 너무나 속박했기 때문에 그 어리석음과 오만에 대해 과거보다 더욱 심한 웃음거리가 됨으로써 대가를 치른다. 젊은 학도 니콜라스는 심각한 궁둥이 화상을 입게 되고, 교회의 까다로운 성직자 압살론은 입 안에 고약한 맛을 느끼게 된다. 오직 젊은 신부 앨리슨만이 이런 사건들의 영향을 받지 않는다.

● **상인의 이야기**

'상인의 이야기'는 노인과 젊은 신부에 관한 또 다른 견해를 제시한다. 이 이야기는 서구 세계에 이런 유형의 결합을 표현한 명칭을 제공한다. 재뉴어리는 메이란 이름의 아름답고 젊은 처녀와 결혼한 아주 늙은 노인이다. 오늘날 재뉴어리-메이 결합은 노인이 자기보다 훨씬 젊은 여자와 결혼하는 것을 의미한다. '상인의 이야기'에서, 젊은 신부와 신부의 젊은 연인이 노인에게 오쟁이를 지우는 것은 사회적 계급에 상당한 차이가 있다는 점에서 '방앗간 주인의 이야기'와 다르다. 재뉴어리는 못 배운 음란한 목수와 다르기 때문에 그가 속는 것은 상징성을 띤다.

그는 수많은 밀회를 경험했고 그런 문제처리 능력을 가졌음직한 기사다. 앨리슨과 니콜라스가 목수를 속이는 것은 훨씬 복잡하고 창의적인 데 비해 늙어서 비실비실한 재뉴어리를 속이는 것은 초서 당대의 인기 있는 여러 이야기 속에서 발견되는 방법으로 흔히 '배나무 일화'라고 일컬어진다.

늙은 재뉴어리는 신혼초야에 성공적인 신랑 노릇을 할 수 있었으나 체력을 완전히 소진한 듯하며 어린 아내를 더 이상 만족시킬 수 없거나 충분히 자주 만족시킬 수 없는 것으로 보인다. 따라서 이런 유형의 모든 이야기에서와 마찬가지로, 우리는 어린 신부를 동정하게 된다. 독자는 이야기의 초반에서 재뉴어리가 더 젊고 준수하며 성적으로 왕성한 젊은 남자에게 오쟁이를 질 것으로 예상한다. 왜냐하면 노인이 침대에서 젊은 아내를 감당하는 데 어려움을 겪기 때문이다. 젊은 남자가 나타나고 밀회 준비가 이루어질 때 독자의 긴장은 고조된다. 방앗간 주인의 이야기에서 등장인물들의 이름 선택이 중요했던 것과 마찬가지로 이 이야기에서도 등장인물의 이름 선택이 상인의 입장을 뒷받침한다. 재뉴어리(머리가 눈처럼 흰 노인)가 메이(만발한 봄꽃처럼 어리고 아름다운 처녀)

와 결혼한다.

초서는 재뉴어리와 메이를 통해 탁월한 성격 묘사를 보여준다. 젊은 여자들과 무절제하게 놀아나는 데 청춘을 낭비했고, 자신의 지위와 토지를 물려줄 상속자들을 원한 재뉴어리는 이제 고령이 되어 자신이 감당하기 어려운 것을 흥정한다. 따라서 젊은 메이는 어려운 상황에 처하게 된다. 결국 앨리슨과 마찬가지로 메이의 곤경은 스스로 자초한 것이 아니다. 청중이 관심을 기울이는 것은 메이의 불성실이 아니라 그녀의 총명한 음모와 불륜현장에서 잡혔을 때 그녀가 보인 탁월한 대담성이다. 따라서 '방앗간 주인의 이야기'와 '상인의 이야기'는 또 다른 공통점을 갖게 된다. '방앗간 주인의 이야기'에서 늙은 존은 새로운 노아의 홍수가 세상에 닥쳐온다는 것을 믿는 가운데 자기 집에서 오쟁이를 진다. 재뉴어리가 오쟁이를 지는 것은 그의 개인 비밀정원이다. 이 정원은 어리석은 종류의 에덴동산 혹은 바보의 낙원이다. <u>두 이야기는 부도덕을 공유한 것이 아니라 고도의 희극적 감각을 공유한다.</u>

속은 사기꾼

서구 세계에서 인기 높은 공식 이야기 가운데 하나는 한 사기꾼이 다른 사람을 속이려 하다가 되치기를 당하는 것이다. '장원 청지기의 이야기'와 '면죄사의 이야기'는 이런 기법의 훌륭한 사례다.

장원 청지기의 이야기

　　이 이야기는 음흉한 방앗간 주인과 방앗간 주인에게 속지 않겠다고 결심하지만 속고 마는 두 대학생에 관한 것이다. 초서가 암시하는 기본적인 인간의 진실은, 대학생이라고 반드시 세상물정에 밝아 현명한 것이 아니며, 교활한 방앗간 주인이 경험이 없는 청년들을 속일 수 있다는 것이다. 방앗간 주인이 대학생들에게 보이는 불신은 현대에도 보편적인 견해다. 두 대학생이 곡식을 쉽사리 도둑질당한 것은 피할 수 없는 일이다. 독자는 속지 않겠다고 결심한 두 대학생의 기만당할 수 없다는 가정이 오판었음이 입증되는 것을 보고 은근히 만족감을 느낀다. 대학생들이 가하는 보복은 고도로 희극적이다. 처음에 대학생 앨런이 딸과 동침하고 뒤이은 혼란 속에서 대학생 존이 방앗간 주인의 아내와 동침함으로써 이 이야기는 독자들에게 통쾌함을 안겨준다.

　　결국 '장원 청지기의 이야기'는 응보를 받는 사기꾼(이 경우에는 방앗간 주인)에 관한 오래된 개념의 탁월한 변형이다.

면죄사의 이야기

　　'장원 청지기의 이야기'는 고도로 희극적인 차원의 속임수를 소개한다. 반면에 '면죄사의 이야기'에서는 속임수가 도덕적 우화의 실례로서 이용되어 "돈에 대한 사랑이 모든 악의 근원이다"란 개념을 입증한다. 이 개념을 강조하기 위해 면죄사는 죽음을 찾아내 죽이기를 원하는 3명의 주정뱅이 이야기를 한다. 그들은 죽음 대신 금을 찾아낸다. 그들은 남의 눈에 띄지 않고 금을 파내기 위해 밤까지 기다리는 동안 먹을 음식과 포도주와 물을 구해오기 위해 가장 젊은 주정뱅이를 마을에 보낸다. 젊은 주정뱅이는 뒤의 두 사람을 죽이기로 하고 포도주에 독을 섞는다. 한편 남은 두 사람은 젊은 주정뱅이를 죽이고 그의 금을 둘이 나누어 갖기로 작당한다. 돌아온 젊은 주정뱅이는 살해당한다. 다른 두 사람은 독이 든 포도주를 마신다. 그리하여 세 사람은 자신들의 1차 목표였던 죽음을 실제로 찾아낸다.

'면죄사의 이야기'는 속임수에 관한 것이지만 희극적이지는 아니다. 대신 탐욕이 모든 악의 원천이라는 도덕적 교훈을 뒷받침한다. 이 이야기의 역설은, 면죄사가 자기 이야기를 마친 후 순례자들을 속여 무가치한 면죄부를 팔려고 하지만 현실적인 순례자들을 속이지 못하고 생명의 위협을 받게 된다는 것이다. 우리는 '장원 청지기의 이야기'에서 속임을 당하는 사람들을 보고 웃는 데 비해 '면죄사의 이야기'는 웃을 여지를 남기지 않는다.

Review

이 부분은 원작에 대한 이해력을 테스트하는 난입니다. 다음 문제를 풀고 나면 〈캔터베리 이야기〉에 대한 의미 있는 파악이 가능해질 것입니다.

다음 밑줄 친 부분에 알맞은 말을 써넣으시오.

1. '기사의 이야기'에서 기사인 아싸이트와 팔라몬은 _____의 사랑을 차지하기 위해 결투를 벌인다.

2. '방앗간 주인의 이야기'에서 점성술사인 니콜라스가 큰비가 닥쳐온다고 믿도록 했을 때 늙은 목수 존은 3개의 _____을 만든다.

3. '수녀원 지도신부의 이야기'에서 촌티클리어는 지나친 _____ 때문에 여우 돈 러셀의 희생물이 된다.

4. '면죄사의 이야기'에서 3명의 주정뱅이들은 _____을 찾아내 죽이러 간다.

5. '바스의 여장부의 이야기'에서 기사는 여자들이 가장 원하는 것이 무엇인지 알아내기 위해 찾아다니던 중 한 늙은 노파가 여자들이 가장 원하는 것은 _____이라고 알려준다.

6. 수녀원 지도신부의 이야기에서 암탉 퍼틸로티는 촌티클리어의 악몽이 그의 _____ 때문이라고 진단한다.

7. 남편의 악몽을 치료하기 위해 퍼틸로티는 촌티클리어에게 _____를 더 먹으라고 권한다.

8. 순례자들이 캔터베리에 가는 길에 두 가지 이야기를 하고 돌아오는 길에 두 가지 이야기를 하자는 의견은 _____으로부터 나온다.

9. 이글랜틴 부인인 수녀원장은 _____이라고 새겨진 금 브로치를 달고 있다.

10. 일부 순례자들은 종교적인 헌신 이외의 이유들로 인해 캔터베리에 간다. 바스의 여장부는 새 _____을 구하려고 한다.

11. 요리사는 _____에 대한 치료가 필요하다.

12. 방앗간 주인은 그의 _____ 위에 있는 추한 사마귀를 치료해야 한다.

모범답안: 1. 에밀리 2. 방주들 3. 허영(오만) 4. 죽음 5. 남편들에 대한 주도권
6. 변비 7. 벌레 8. 주인(해리 베일리) 9. 사랑이 모든 것을 정복한다
10. 새 남편 11. 고름이 흐르는 종기 12. 코

一以貫之
논술노트

날것으로 만나는 중세의 삶 ●

실전 연습문제 ●

一以貫之는 '논어'에 나오는 말로 '모든 것을 하나의 이치로 꿴다'는 뜻입니다.

논술의 주제와 문제 유형, 제시문들은 참으로 다양하고 가지각색입니다. 그러나 그 모든 것을 하나로 꿸 수 있습니다. '인간사회의 보편적 문제들에 대한 근원적인 물음에 답하는 자기 나름의 견해'라는 것이지요. 논술은 인간이면 누구나 부닥치는 개인적 또는 사회적 문제들에 대한 자기 나름의 고민이자 성찰입니다. 논술은 자기견해, 자기 가치관, 자기 삶에 대한 솔직한 고백입니다.

一以貫之 논술연구모임은 '자신의 물음'과 '자신의 생각'을 갖고 '자신의 글'을 쓸 수 있도록 도와줍니다.

날것으로 만나는 중세의 삶

1. 너무나 동떨어진 이야기, 결점투성이의 책

〈캔터베리 이야기〉는 600년 전, 그것도 이역만리 영국의 이야기다. 당시 영국은 오늘날처럼 하나의 국가가 아니라 잉글랜드, 스코틀랜드, 웨일즈 등으로 나뉘어져 있었으니, 더 정확히 말하면 잉글랜드의 이야기다. 한국사로 치면 대략 조선 건국 시기에 쓰여진 작품이다. 오늘날 〈삼국유사〉의 처용설화나 〈구운몽〉을 가장 재미있고 감동적인 문학작품으로 꼽을 사람은 없을 것이며, 고등학교 문학 교과서에서 이런 작품을 접한 이후에 굳이 다시 찾아서 읽을 사람도 많지 않을 것이다.

〈캔터베리 이야기〉는 영문학의 시초로 불린다. 당시 영국에서는 귀족들은 불어를 사용하고, 지식인들은 라틴어로 된 책을 읽었으며, 영어는 하층민이 주로 사용하는 하급 언어였다. 이전에도 〈베어울프 *Beowulf*〉 같은 영어로 쓰인 작품이 있었으나, 영어 자체가 확실한 체계를 잡지 못해 독일어 등 외국어의 영향을 많이 받은데다 내용도 전형적인 서사주의 형태를 띠고 있었다. 이에 비해 〈캔터베리 이야기〉는 중세의 작품임에도 불구하고 윤리와 종교를 강조하는 이야기보다는 서민적이고 풍자적인 이야기들이 주를 이루고 있어 문학적으로 큰 가치를 지닌다. 하지만 이마저도 큰 위로가 될 것 같지는 않다.

한국 문학사에서 최초의 현대 소설이라는 이광수의 〈무정〉을 재밌게 봤다는 사람을 찾기 어려운 만큼 오히려 '시초'라는 규정이 부담이 될 수밖에 없다. 만약 영어 원전을 슬쩍 보기만 해도 〈캔터베리 이야기〉는 공포를 불러일으키는 책이 되어버릴 것이다. 중세 영어라서 사전에도 나오지 않은 단어들이 수두룩하고 문법도 현대 영어와는 전혀 들어맞지 않는다. 이렇게 작품의 배경을 살피다보면 읽기도 전에 흥미가 싹 달아난다.

더구나 〈캔터베리 이야기〉는 오늘날의 문학적 기준으로 보자면, 결점투성이의 책이다. 등장인물의 숫자나 앞뒤의 이야기 전개가 들어맞지 않고, 이야기를 전개하다가 느닷없이 '여기서는 요점만 간추리겠다'는 식으로 상세한 묘사를 중단하고 서둘러 다음 내용으로 건너뛰기 일쑤다. 현대시처럼 고밀도로 언어를 압축하거나 현대 소설처럼 촘촘한 플롯도 없다. 더구나 하나의 작품으로 완결된 책이 아니라 초서 사후에 유고를 정리해서 출판되었다. 이러다보니 속절없이 이야기가 끊기는 황당함을 겪기도 한다.

2. 그럼에도 불구하고, 그렇기 때문에

그렇다면 자신들이 사용하는 말과 글을 이해하기 위해 어쩔 수 없이 교과과정에서 라틴어와 중세 영어를 배워야 하는 영미 문화권 출신도 아닌 사람들에게 대체 〈캔터베리 이야기〉는 어떤 가치가 있을까?

역설적으로 현재 우리와 아무런 상관도 없어 보이는 시대를 배경으로 한다는 점에서 〈캔터베리 이야기〉는 읽을 만한 책이다. 우리는 전혀 다른 삶과 사회를 통해 우리의 삶과 사회를 되돌아볼 기회를 갖는다. 겉으로 드러나는 무늬와 색깔은 달라도 지구 반대편, 수백 년 전 사람들의 이야기들 속에서 현재 우리의 삶과 동일한 고민과 갈등, 현대 사회와 비슷한 모순과 문제들을 찾아볼 수 있다. 교과서에서 '암흑시대'라는 표제 하에 몇 줄로 정리되고 연표로 단순화되었던 중세의 삶을 있는 그대로 볼 수 있다는 점은 〈캔터베리 이야기〉만이 갖는 커다란 가치다. 이러한 삶의 보편성에 대한 인식, 중세의 삶을 날 것으로 보는 즐거움이 〈캔터베리 이야기〉를 읽어야 될 이유다.

첫 번째 '기사의 이야기'를 읽고 나면, 중세인의 삶과 인식에 대한 우리의 통념을 확인하게 될 것이다. 운명과 신의 섭리, 사랑과 기사도 정신을 주제로 전개되는 두 기사에 관한 이야기는 전형적인 중세를 보여준다. 잠시 이 이야기의 말미를 살펴보자.

그러자 그곳에 모인 귀족들은 두 사람 사이에 결혼의 끈을 맺어 주었습니다. 쉽게 말하자면 결혼식을 거행했던 것입니다. 이렇게 음악이 울려 퍼지고 환희의 함성 속에서 팔라몬은 에밀리를 아내로 맞았습니다. 이 넓은 세상을 만드신 하느님은 그가 그토록 원하던 사랑을 주셨습니다. 이후 팔라몬의 삶은 순탄했습니다. 그는 부귀영화를 누리며 건강하고 행복하게 살았습니다. 에밀리는 모든 정성을 다해 팔라몬을 사랑했고, 팔라몬은 아내에게 헌신했습니다. 그들 사이에는 질투의 말이 오가는 법도 없었고, 속상해서 싸우는 적도 없었습니다.

이렇게 팔라몬과 에밀리의 이야기는 끝이 납니다. 하느님, 이 두 사람에게 축복을 내려주소서!

비웃음이 나올 만큼 유치한 해피 엔딩으로 끝나는 전형적인 옛날이야기는 우리가 상상했던 중세적 사고방식의 전형을 보여준다. 여기서 읽기를 중단한다면, 영원히 〈캔터베리 이야기〉는 따분한 중세 소설로 남고 말 것이다. 그러나 이어지는 방앗간 주인과 청지기의 이야기는 우리가 가지고 있던 중세의 통념에 충격을 가한다. '청지기의 이야기'의 한 대목을 살펴보자.

이리저리 더듬어 어둠 속에서 간신히 요람을 찾은 그녀는 요람 옆에 있는 침대가 자기 침대라고 생각했소. 그녀는 자기가 어디에 있는지도 정확히 모른 채, 학생이 누워 있는 침대 안으로 들어가서 조용히 누웠소. 아마 존이 벌떡 일어나 이 여자를 덮치지 않았다면 밤새 그렇게 있었을지도 모르오. 이 여자는 정말로 오랜만에 최고의 순간을 맛보았소. 존이 미친 듯이 올라타서 단단하고 깊은 그의 물건으로 그녀의 안을 파고들었기 때문이오. 이렇게 두 학생은 동이 틀 때까지 마음껏 사랑을 나누었소.

외설과 음란으로 치장된 이야기들은 중세인의 삶에 대한 우리의 고정관념을 한 순간에 뒤집는다. 마녀사냥을 서슴지 않던 교회의 강력한 권위와 절대적인 힘을 행사하던 영주의 권력 아래에서도 본능과 쾌락은 사라질 수 없었던 것이다. 그러나 초서가 교훈적이고 전형적인 이야기를 비판하기 위해 전면에 배치한 것은 아니다. 마지막 이야기를 장식하는 신부는 시종일관 심각하게 그리스도인으로서 각종 죄악에서 벗어날 수 있는 방법을 설교하며 끝을 맺는다. 또한 초서는 본문의 이야기들과는 별개로 자신이 쓴 작품들에 대해 신에게 참회하며 에필로그를 대신했다. 고전적이고 종교적인 이야기가 앞뒤로 배치되어 상스러운 이야기들을 제어하는 형국이다. 〈캔터베리 이야기〉는 시종 이렇게 성(聖)과 속(俗)이 뒤얽히며 진행된다.

결국 초서가 보는 중세적 삶은 성스러운 것만도 아니고, 속된 것만도 아니다. 초서는 아무리 종교와 제도로 억압하려고 해도 인간의 본능을 완전히 틀어막을 수는 없으며, 반대로 쾌락과 욕심만으로도 인간의 삶은 제대로 구현될 수 없다는 점을 말하려고 했는지도 모른다. 이처럼 삶의 양면성을 모두 포용하는 균형 감각은 어느 시대에서도 필요하다. 과학기술이 최고의 가치를 누리는 현대 사회에서도 사람들은 현대 사회의 산물인 컴퓨터와 휴대전화로 사주를 본다. 비과학적이고 환상적인 내용으로 가득한 해리포터 시리즈와 〈반지의 제왕〉은 현대인들이 가장 좋아하는 이야기다. 과학문명이 지배하는 현대 사회에서도 신화와 환상을 즐기고 점을 치는 사람들의 내적 불안은 여전하다. 반대로 과학의 한계만을 역설한다면, 우리는 현대의 삶을 유지할 수 없다. 성과 속, 이성과 감성의 균형을 유지하지 않는다면, 필연적으로 어느 한 편의 삶은 억압될 수밖에 없다. 이런 점에서 〈캔터베리 이야기〉를 중세 잉글랜드의 특수한 이야기가 아닌 우리 삶에 대한 보편적인 이야기로 받아들일 수 있다.

3. 이야기의 힘

〈캔터베리 이야기〉가 중세의 삶을 균형 잡힌 시각으로 보여줄 수 있는 이유는 사실 초서의 삶의 궤적이 크게 작용했다. 초서는 평민 출신이었지만, 공직에 진출하면서 귀족, 왕족들과도 두터운 신분을 쌓았다. 이러한 개인적 경험을 통해 그는 서민과 귀족의 문화를 모두 포용할 수 있었다. 또한 〈캔터베리 이야기〉는 사실 초서의 창작이 아니다. 물론 전체 이야기를 묶는 액자형식을 통해 이야기 전달자들을 창조해 내고 각 인물에 맞는 이야기들을 선택한 것은 순수한 창작이지만, 단지 구술로 전해지던 민담과 신화, 인기를 누리던 그리스, 로마시대의 이야기들을 각색해서 기록했을 뿐이다. 오히려 초서의 개인적인 창작이 최소한으로 억제되었기 때문에 우리는 중세를 더욱 가깝게 느낄 수 있다.

특히 액자형식은 독특한 효과를 발휘한다. 캔터베리로 성지 순례를 떠나기 위해 타바드 여관으로 모인 사람들이 함께 여행을 떠난다. 여관 주인이 순례길에 동참하면서 지루함을 달래기 위해 가는 길과 오는 길에 돌아가며 두 개씩 이야기를 하자고 제안한다. 여관 주인은 직접 여행의 안내자이자 이야기의 심판자를 자처하면서 가장 재미난 이야기를 한 사람에게 보상을 약속한다. 순례자의 정확한 숫자는 30명이라고 했다가 설명할 때는 26명만 묘사했고, 따로 정확히 계산해 보면 33명이 된다. 이야기의 숫자도 각자가 가고 오는 길에 두 개씩이므로 개인당 네 개지만, 순례자의 수를 어떻게 계산하더라도 작품 전체에서 이야기의 총합은 이에 훨씬 모자라는 24개에 불과하다. 인물의 숫자도, 이야기의 숫자도 들쑥날쑥 정확하지 않다.

이런 사소한 문제를 뒤로 제쳐두면, '순례'는 다양한 인물과 이야기가 모일 수 있는 훌륭한 퍼포먼스의 장으로 적절히 기능한다. '순례'라는 매개를 통해 기사, 신부, 수녀부터 대학생, 상인, 면죄사, 다섯 번 결혼한 여자에 이르기까지 실로 다양한 군상들이 한 자리에 모이게 된 것이다. 이들이 내뱉는 이야기는 그냥 임의로 선택된 것이 아니다. 각 인물의 사회적 위치와 성격에 따라 가장 잘 들어맞는 이야기가 배치된다. 기사는 사랑과 기사도에 관해 가장 '기사'다운 이야기를 함으로써 서두를 장식한다. 마지막 이야기를 하는 신부는 참회에 관하여 일장 설교를 함으로써 성지 캔터베리에 도착하기에 앞서 일행의 신앙심을 일깨우려는 듯하다. 상인은 장사를 하며 세상에 찌든 사람답게 속되고 야한 이야기를 하고, 방앗간 주인과 청지기도 신분에 걸맞게 음탕한 이야기를 늘어놓는다.

초서는 기본적으로 직업과 신분에 따라 이야기를 배치했다. 이는 서두에서 순례에 참여한 인물들을 묘사한 부분에서도 잘 드러난다. 이것은 초서 개인의 선택이기도 하지만, 당시 사회에서 각 계급군, 직업군이 어떻게 인식되고 있었는지를 잘 보여준다. 하지만 모든 순례자들이 중세의 사회적 질서에 따른 통념대로 묘사되는 것은 아니다. 성직에 종사하는 사람들은 고결하게, 여성은 여성스럽게 묘사하는데 그쳤다면, 〈캔터베리 이야기〉는 그렇고 그런 책이 되어버렸을 것이다. 그러나 초서는 성직에 종사하는 자들이 모두 성스러운 것도 아니며, 모든 여성이 정숙한 것도 아니라는 점을 인물에 대한 직접적인 묘사를 통해 드러내며, 이는 이야기의 배치에서도 잘 드러난다. 서두의 순례자들에 대한 내용 중에서 신부와 면죄사에 대한 묘사는 극명한 대비를 이룬다.

아마 이 세상에서 이 신부보다 훌륭한 사제는 없을 것이라고 나는 감히 말하고 싶다. 그는 한 번도 고관대작들의 미사를 치러주기 위해 애쓴 적이 없었고, 그들의 비위를 맞출 생각도 한 적이 없었다. 그는 단지 그리스도와 12사도의 복음을 가르치려고 했다. 하지만 항상 자신이 먼저 그런 가르침을 솔선수범하곤 했다.

그는 조약돌이 잔뜩 박힌 놋쇠로 만든 십자가와 돼지 뼈가 가득한 유리로 만든 유물함을 갖고 있었다. 하지만 가난한 시골 신부를 만나면, 그 유물함으로 순진한 신부를 속여 하루 동안에 본당 신부가 두 달 동안 버는 돈보다 더 많은 돈을 버는 법을 알고 있었다. 다시 말하면, 뻔뻔스런 감언이설과 약간의 거짓말로 가난한 백성을 속이곤 했던 것이다.

마지막 이야기를 하는 신부는 모범적인 사제의 모습으로 묘사되며 그가 하는 이야기도 윤리적인 설교로 배치되지만, 면죄사는 같은 성직에 종사함에도 불구하고 탐욕스러운 인간으로 그려지고 그가 내뱉는 이야기도 더 많은 헌금을 타내기 위한 속임수일 뿐이다. 초서는 면죄사의 이야기 말미에서 여관 주인의 입을 빌려 그의 흰소리를 호되게 꾸짖기까지 한다.

"나는 귀족이건 평민이건, 그러니까 지위 고하를 막론하고 그들이 세상을 떠날 때 모든 죄를 사해 줄 수 있습니다. 그런 사람이 여러분 일행 속에 있다는 사실이 얼마나 마음 든든합니까! 나는 우리 사회자부터 사죄를 받을 것을 권합니다. 그 사람이 죄악 속에 가장 깊이 파묻혀 있으니까요. 자 사회자 양반, 어서 헌금을 하고 이 유물에 입을 맞추십시오. 모두 6페니만 내면 됩니다. 어서 돈주머니를 푸십시오."

이 말을 듣자 사회자가 말했다.

"아니오. 예수 그리스도가 내게 벌을 내리는 한이 있어도 절대 돈주머니를 풀 수는 없소. 당신한테 돈을 주라고? 내가 그렇게 한다면 아마 하느님이 저주를 내릴 것이오. 당신은 엉덩이 때가 묻은 헌 바지 따위를 내보이면서 성인의 바지라고 거짓말을 할 위인이오. 그러면서 거기에 입을 맞추라고 할 것이오. 그렇지만 성녀 헬레나가 찾은 참된 십자가를 걸고 맹세하는데, 당신이 가진 유물이나 성물이니 하는 것에 입을 맞추느니 차라리 당신의 불알을 한 번 만지는 편이 나을 것 같소. 자, 당신이 말하는 성물이나 유물을 이리 주시오. 내가 들어다주겠소. 그리고 돼지 똥 속에 고이 모셔놓겠소."

이처럼 초서는 여관 주인의 입을 빌려 이야기 사이사이에 당대에 대한 풍자와 비판을 배치했다. 아울러 순례자들은 이야기를 통해 대립한다. 마치 음습한 거리의 건달들처럼 한 명이 이야기로 누군가의 성미를 건드리면, 공격을 받은 사람은 다시 이야기로 반격한다. 발화자들끼리의 이러한 다툼은 다음 이야기에 대한 기대를 높이고, 세상의 모든 이야기들(정확하게 들어맞지는 않지만, 요즘 유행하는 식으로 말하면 '담론'이라고 해도 좋다.)이 갖는 힘을 느끼게 해준다. 역사상 모든 집권층들이 유언비어를 그토록 두려워했던 이유는 이야기가 결국 힘으로 바뀔 수 있기 때문이다. 폭정에 대한 저항 이전에는 항상 왕에 대한 조롱과 야유가 섞인 '유언비어'들이 나돌기 마련이다. 〈캔터베리 이야기〉에 등장하는 타락한 탁발 수사와 면죄사들의 이야기는 기독교적 질서라는 중세에 잘 부합되지 않는 전혀 성스럽지 못한 이야기들이다. 이 이야기들은 중세 질서가 서서히 무너져가는 모습을 사후적으로 보여줄 뿐만 아니라, 중세를 무너뜨리는 힘이 되었을 것이다.

또한 초서는 그리스, 로마에서 유래된 신화, 잉글랜드 전래의 민담에서 운율이 맞춰진 서사시, 딱딱한 설교에 이르기까지 중세에 존재했던 다양한 문학 형식을 보여준다. 그러나 모든 이야기의 내용은 마지막 신부의 설교를 빼놓고는 비현실적인 환상과 비일상적인 과장으로 점철되어 있다. 그런데 우리는 오히려 이러한 환상과 과장을 통해 중세의 현실을 더욱 가깝게 느낄 수 있다. 이 또한 환상과 과장, 이야기가 갖는 힘이라고 할 수 있을 것이다.

4. 아이러니, 또 아이러니

〈캔터베리 이야기〉를 규정하는 가장 그럴 듯한 단어는 '아이러니'라고 할 수 있다. 사실 '아이러니'라는 용어 자체가 워낙 모호하고 광범위한 의미를 포함하고 있기 때문에 정확히 규정하기 어렵지만, 일단은 '반어법'이나 '비꼬기' 정도로 기억해 두자. 쉽게 말하면 아이들이 형편없는 성적표를 들고 왔을 때, 부모님이 내뱉는 "아주 잘 했구나, 잘했어"라는 반응이 가장 쉬운 아이러니의 예가 될 것이다. 〈캔터베리 이야기〉는 여러 면에서 이중, 삼중의 아이러니를 갖추고 있다.

　　우선 〈캔터베리 이야기〉의 순례 자체가 오늘날의 기준으로 보자면 아이러니다. 헨리 8세에 이르러 영국은 가톨릭과 절연하고 성공회(The Anglican Church)를 세웠지만, 초서 시대에는 로마 가톨릭을 여전히 신봉하고 있었다. 캔터베리는 초대 대주교였던 아우구스티누스가 영국에 기독교를 전파하기 시작한 땅으로 이전부터 유명한 곳이었지만, 초서 당시 순례 열풍이 몰아친 것은 토머스 베켓 대주교 때문이다. 당시 잉글랜드의 왕이었던 헨리 2세는 교회가 가지고 있던 재판권을 박탈하려고 했다. 헨리 2세의 친구이자 수상까지 역임했던 베켓 대주교는 이러한 왕권의 교권 축소 시도에 강력하게 맞서다가 1170년, 결국 왕을 따르던 기사들에게 암살당했다. 그러니 베켓은 오늘날의 기준으로 보자면, 교황에게 적극 충성하며 정교일치를 옹호한 보수주의자였다. 테레사 수녀처럼 가난한 이웃들을 위해 봉사한 것도 아니고, 특별한 기적을 행하거나 포교를 하다가 이교도에게 수난을 당한 것도 아니다. 단지 교황에게 충성하고 교권을 넘보던 왕에게 대항했다는 철저하게 정치적인 이유로 성인이 된 것이다. 결국 성공회를 세운 헨리 8세는 1538년, 부족한 돈주머니도 채우고 가톨릭 교회도 억누를 수 있는 일석이조의 효과를 위해 베켓의 유골을 불태우고 성당의 재산을 몰수해 버렸다. 이러니 초서 시대에는 유행에 따라 많은 사람들이 캔터베리로 성지순례를 떠났다고 하지만, 오늘날의 기준으로 보자면 순례의 기원 자체가 그렇게 성스럽지 못한 것이었으니 아이러니라고 할 수밖에 없다.

군이 오늘날의 기준을 들이대지 않고 〈캔터베리 이야기〉의 내용을 살펴봐도 순례는 아이러니의 연속이다. 성스러운 땅을 향해 가는 여정이지만, 〈캔터베리 이야기〉에는 상스럽고 추잡한 이야기들이 넘쳐난다. 탁발 수도승은 자신의 사기술과 돈벌이 실력을 자랑하고, 여인은 정욕을 노골적으로 드러낸다. 역사가들에 따르면 실제 캔터베리로 가는 길은 도둑과 강도를 막기 위해 무리를 지어 떠날 수밖에 없는 '폭력의 길'이었으며, 남성들이 귀부인들을 꼬드기고 남녀가 정을 통하는 '욕망의 길'이었다. 앞서 신부 같지 않은 신부는 살펴봤으니, 여기서는 성지 순례에 나선 여인의 기도를 들어보자.

그리스도님, 우리 여자들에게 말 잘 듣고 젊음이 넘치며, 잠자리에서 우리를 만족시켜 줄 수 있는 남편을 보내주소서! 그리고 우리가 결혼하는 남편들보다 더 오래 살게 해주셔서 다시 시집을 갈 수 있게 해주소서! 또한 청컨대 아내의 지배를 받지 않으려는 남자들을 일찍 죽게 해주시고, 늙고 성질 나쁘고 구두쇠 같은 추한 늙은이들에게는 죽을병을 내려주소서!

결혼을 다섯 번이나 한 바스의 여인은 전혀 자신의 인생을 한탄하지 않는다. 오히려 다시 시집을 가서 음욕을 채우고 남편이 일찍 죽으면 재산도 물려받길 원한다. 바스의 여인은 중세의 여성상에 대한 통념을 뒤흔들 뿐만 아니라, 성스러운 길을 향해 가는 성스럽지 못한 인물들을 잘 보여준다.

그렇다면 이런 아이러니가 나타나는 이유는 무엇일까? 논어에 '군군 신신 부부 자자(君君 臣臣 父父 子子)'라는 대목이 있다. '군주는 군주답게, 신하는 신하답게, 아버지는 아버지답게, 아들은 아들답게'라는 뜻이다. '아버지'라는 이름, 곧 '아버지'라는 형식을 가진 사람은 실재와 내용에서도 '아버지' 다워야 한다는 말이다. 이름과 실재가 괴리되지 않고 '명불허전(名不虛傳)'이 되도록 해야 하며, 형식이 내용을 배반해서는 안 된다는 것이다. 〈캔터베리 이야기〉의 아이러니도 이름과 실재의 괴리, 형식의 내용에 대한 배반에서 원인을 찾아볼 수 있겠다. 마지막 참회에서 보듯이 초서는 신앙을 포기하지 않았다. 그러나 초서가 볼 때, 자신의 시대는 성직자가 성직자답지 못하며 귀족은 귀족답지 못하고 성지로 가는 길은 성스럽지 못하다.

그러나 초서는 심각하지 않다. 오히려 풍자와 해학으로 이름만 그럴 듯한 자들을 비웃고 형식을 깔아뭉갠다. 초서의 능수능란함은 자기비하에서 정점에 이른다. 초서는 자신을 순례자에 포함시킨다. 그런데 초서의 이야기가 이야기 중에서 가장 지루하고 재미가 없다. 초서는 처음에 그럴 듯한 서사시를 읊다가 여관 주인에게 쓸데없는 운율 따위는 집어치우라며 된통 혼이 난다. 그래서 결국 다른 산문을 풀어놓지만 그마저도 도덕교과서처럼 재미없고 지리멸렬한 내용이다. 초서는 자신을 직접 등장시켜 형식만 남은 시와 감동이 없는 설교조의 산문을 통해 동시대의 문학과 시대를 풍자하고 있다. 굳이 결론을 맺자면, 〈캔터베리 이야기〉는 공자가 주나라의 질서가 무너져가는 춘추시대에 논어의 언설들을 늘어놓았듯이 기울어져가는 중세를 배경으로 아이러니를 통해 삶의 복합성과 이야기들의 힘, 형식과 내용의 일치를 풀어놓은 작품이라고 할 수 있다.

5. 초서의 한계, 모두의 한계

초서와 〈캔터베리 이야기〉의 아이러니를 찾아볼 수도 있겠다. 초서는 오늘날의 기준으로 보자면 다분히 중세적이지 않은 이야기를 풀어놓았지만, 중세가 가지는 한계 또한 보여준다. 마치 공자가 과거 주나라의 전통을 '이데아'(이상)로 놓고 주나라 전통으로의 회귀에서 혼란한 시대의 돌파구를 찾은 것처럼, 초서는 기독교적 구원에서 벗어나질 못했다. 무엇이 무엇다워야 한다는 주장은 이름 자체의 모순을 은폐할 수도 있는 것이다. '군'(君), '신'(神), '교황'이라는 이름 자체가 문제일 수도 있다. 이름 자체를 부정하지 않더라도 다른 방식도 가능하다. '신'을 새롭게 정의하고 '신앙'의 본질을 새롭게 이야기할 수도 있다. 현대적 기준으로 보자면 당대에 가졌던 변혁의 기운을 찾기 어려울지 모르지만, 주희가 공자를 떠받들면서도 유교를 혁신하고 루터가 신과 성경을 배신하지 않으면서도 전혀 다른 그리스도교 체계를 가져온 것처럼.

사실 초서의 한계는 현대인도 벗어나질 못하고 있다. 개명한 현대인은 '민주주의'라는 단어를 신처럼 떠받들지만, 민주주의 사회가 과연 형식과 내용이 괴리되지 않은 사회인지는 의문이다. 대부분의 현대인들은 '민주주의'를 단지 '모두가 투표할 수 있는 권리' 정도로 인식할 뿐이다. '민주주의'는 20세기를 거쳐 21세기에도 인류가 섬기는 가장 강력한 형식이자 이름이지만, 사실 민주주의 하에서도 우리가 사는 세상은 유토피아가 아니라 가난과 전쟁, 차별과 억압이 넘쳐나는 디스토피아다. 그러나 우리는 이를 벗어나 '민주주의'라는 이름이 가질 수 있는 풍부하고 혁신적인 내용을 상상하지도, 실천하지도 못한다. 초서는 스스로 참회하고 자신을 비하할 수는 있었어도 자신이 살고 있는 시대 자체를 비하하거나 참회하지는 못했다. 그는 결국 모범적인 신부의 모범적인 이야기로 끝을 맺고 기도로서 신에게 고백하는 것에서 멈춰버리고 만 것이다. 어쩌면 우리도 마찬가지일지 모른다.

〔04대입〕 고려대 논술고사

제시문 (나)는 14세기 중세 말엽, 제프리 초서가 쓴 〈캔터베리 이야기〉에 나오는 이야기들 중 하나이다. 다음 제시문들을 읽고 문제에 따라 논술하시오.

(가)

　〈젊은 베르테르의 슬픔〉을 읽으며 괴테가 원래 의도했던 것이 무엇인지를 묻는 것은 자연스러운 일이다. 우리는 괴테라는 천재적인 작가의 정신의 행로를 따라가며 그의 삶과 문학을 간접적으로나마 체험하기를 원한다. 그래서 우리는 자신의 관점에서가 아니라 실제 괴테가 처했던 상황에서 그의 글을 읽는다. 이렇게 독자의 주관성을 배제하고 저자의 의도를 발견하는 것이야말로 예술 작품을 대하는 옳은 태도이다. 그렇지 않다면 각자의 입장에 따른 주관적 왜곡을 피할 길이 없을 것이다.

　다른 시각에서 보면, 우리의 삶과 무관한 저자의 의도가 도대체 무슨 의미를 가지는지 물을 수 있다. 우리는 현대인으

로서 나름의 관점과 기준을 가지고 〈젊은 베르테르의 슬픔〉
을 읽는다. 모든 고전은 시대마다 고유의 관점에서 재해석되
며, 거기에 새로운 의미가 더해진다. 해석은 자유로운 창조이
다. 지금 우리의 삶에 아무런 의미를 보태지 못하는 저자의 원
래 의도는 죽은 사실에 불과하다.

(나)

　딸아이가 아직도 젖을 빨고 있을 무렵, 후작은 자기 아내
가 얼마나 지조가 강한지 시험해 보고 싶은 생각이 들었습니다.
남자들은 종종 이런 생각을 하는 법입니다. 그는 아내를 시험
해 보고 싶은 이상한 욕망을 억누를 수가 없었습니다. 하지만
그리셀다를 궁지에 몰아넣어 위협할 필요는 없었습니다. 그는
이미 여러 번 시험을 했었고, 그때마다 그녀의 결백은 증명되
었으니까요. 그런데 무엇 때문에 다시 아내를 시험해 볼 필요
가 있었겠습니까? 어떤 사람들은 그런 짓을 교묘한 술책이라
며 두둔할지도 모릅니다. 그러나 나는 남자가 아내를 시험하
기 위해 불필요한 고통과 두려움을 주는 것은 전혀 좋은 일이
아니라고 생각합니다.

　후작은 이렇게 계략을 꾸몄습니다. 어느 날 밤, 그는 침울
한 얼굴로 인상을 쓰며 아내가 있는 방으로 가서 말했습니다.

　"그리셀다! 내가 당신을 가난에서 구해 주고 지금의 높은
지위를 주었던 그날을 잊지는 않았을 것이오. 그리셀다, 지금

당신이 큰 복을 누리고 있다고 해도 예전에는 극빈하게 살았다는 사실을 잊지는 않았을 것이라 생각하오. 당신이 예전처럼 가난하다면 도대체 무슨 행복을 찾을 수 있었겠소?

이제 내가 하는 말을 하나도 빠짐없이 잘 들으시오. 지금 이곳에는 우리 둘만 있을 뿐 그 누구도 엿듣는 사람이 없소. 당신이 이 궁전으로 온 지 얼마 되지 않았으니 시집올 때의 일을 잘 기억하고 있을 것이오. 나는 당신을 사랑하고 소중히 여기고 있소. 하지만 귀족들은 그렇게 생각하지 않소. 그들은 당신처럼 시골에서 태어난 비천한 사람에게 복종하고 충성을 다한다는 것은 불명예이며 치욕이라 생각하고 있소. 난 전과 다름없이 그들과 평화롭고 화목하게 지내기를 바라오. 이런 상황이기 때문에 이 문제를 소홀히 넘길 수가 없소.

나는 원하지 않지만 백성들이 원한다면 가능한 한 최선의 방법으로 우리의 딸 문제를 해결하고 싶소. 하느님도 이런 생각이 나의 소원이 아님은 알고 있소. 그렇지만 당신이 모르게 그런 일을 하지는 않겠소. 그러니 이 일에 대해 당신도 허락해 주기 바라오. 지금 당장 당신이 얼마나 참을성이 있는지 보여주시오. 우리가 결혼한 날 마을 사람들 앞에서 맹세하고 약속한 대로 말이오."

후작이 이렇게 말했지만 그녀의 얼굴 표정이나 말투, 자세에서는 전혀 놀란 기색을 엿볼 수 없었습니다. 겉으로 나타난 모습만 가지고 말하자면, 그녀는 전혀 슬퍼하지 않는 것 같았습니다. 남편의 요구에 그리셀다는 이렇게 대답했습니다.

"무엇이든 당신이 원하는 대로 하십시오. 제 딸과 저는 당신 것이며, 기꺼이 당신의 명령에 복종하겠습니다. 당신의 것을 죽이든 살리든 그것은 당신의 마음입니다. 제 구세주이신 하느님을 두고 맹세하건대 당신이 원하는 일이라면 기꺼이 하겠습니다. 제가 가지고 싶은 것은 당신뿐이며, 제가 잃어버리고 싶지 않은 것도 당신뿐입니다. 이것이 저의 변치 않는 바람입니다. 세월이 아무리 흘러도, 또한 제가 죽는 한이 있더라도 당신을 향한 제 마음을 지우거나 변하게 할 수는 없을 것입니다."

그리셀다의 이런 대답을 들은 영주는 행복했지만 겉으로는 그렇지 않은 듯 행동했습니다. 그래서 그가 방을 나갈 때의 표정은 무섭고 험상궂었습니다. 이 일이 있고 얼마 후에 후작은 한 남자에게 자기의 계략을 일러주고 아내에게 보냈습니다.

이 남자는 일종의 수행원으로 중요한 일을 하는 데 후작의 신임을 얻고 있었습니다. 하지만 이런 종류의 사람은 더러운 일을 시키는 데나 믿을 수 있는 사람일 뿐입니다. 후작은 그가 자기에게 충성스러우면서도 동시에 자기의 분노를 두려워하고 있다는 사실을 잘 알고 있었습니다.

영주가 원하는 것이 무엇인지 잘 알고 있던 그 남자는 급히 그리셀다의 방으로 가서 그녀에게 말했습니다.

"부인, 저의 본분은 명령을 이행하는 것이므로 명령을 따르지 않을 수 없는 것입니다. 그러니 용서해 주시기 바랍니다. 부인께서도 잘 알고 계시겠지만, 영주님의 명령을 불평하거나 원통해 할 수는 있어도 어기거나 회피할 수는 없는 일입니다. 백성들은 반드시 그분의 명령을 따라야만 합니다. 저 역시 그런 사람이기 때문에 명령에 복종하는 수밖에 없습니다. 영주님은 제게 저 아이를 데려가라는 지시를 내리셨습니다."

이렇게 말하더니 그는 거칠게 아이를 안아들고 마치 그 자리에서 죽여버릴 듯이 험상궂은 표정을 지었습니다. 후작이 원하는 것이라면 모두 참고 견뎌야만 하는 그리셀다는 어린 양처럼 순하고 조용하게 앉아 후작의 잔인한 부하가 저지르는 끔찍한 행동을 잠자코 지켜보았습니다.

(중략)

영주는 부하에게 명령하여, 아기를 조심스럽게 모포로 감싸서 상자에 넣어 아무도 모르게 데려가라고 했습니다. 그러면서 이 일은 누구도 눈치 채서는 안 되며, 그 아이가 어디에서 왔으며 어디로 가는지도 알려서는 안 된다고 덧붙였습니다. 그리고 마지막으로 만일 이 비밀이 새어나가는 날이면 그를 참수하겠다고 말했습니다.

부하는 아이를 볼로냐로 데려갔습니다. 그곳에는 후작의 누이인 파니고 백작부인이 살고 있었습니다. 부하는 백작부인에게 상황을 설명하고, 그 아이에게 귀족의 자녀에 걸맞은 교육을 시켜달라고 부탁했습니다. 그리고 그 아이가 누구의 딸인지는 아무에게도 밝히지 말라고 당부했습니다. 부하는 이렇게 그의 임무를 완수했습니다.

(중략)

어느덧 4년이란 세월이 흘러 그리셀다는 다시 아기를 갖게 되었습니다. 이번에는 하느님께서 월터에게 근사한 사내아이를 선사해 주셨습니다. 이 소식이 전해지자 영주뿐 아니라 온 백성들이 하느님께 감사드리고 찬미하면서 기뻐했습니다.

그런데 아이가 두 살이 되어 유모의 젖에서 떨어졌을 무렵, 후작은 다시 한 번 아내의 인내심을 시험해 보고 싶은 생각이 들었습니다. 또다시 그리셀다를 시험한다는 것이 얼마나 쓸데없는 일입니까! 하지만 결혼한 남자들은 참을성 있는 아내를 만나면 한없이 시험해 보고 싶은 마음이 드나봅니다.

후작이 말했습니다.

"사랑하는 그리셀다, 당신도 알다시피 백성들은 우리의 결혼을 탐탁지 않게 여기고 있소. 특히 우리의 아들이 태어난 뒤로는 더욱더 그렇게 생각하고 있소. 사람들이 수군대는 소리를 들으면 내 심장이 찢어지는 것 같소. 백성들의 잔인한 험담이 내 귀에 들려올 때면 내 영혼은 산산이 부서지는 것 같소.

이제 백성들은 이런 소리까지 하고 있소. '영주 월터가 죽으면 자니쿨라(그리셀다의 아버지)의 가족이 그 자리를 계승하여 우리의 주인이 될 거야. 우리는 선택의 여지가 없게 되는 거야.' 나는 이런 얘기를 귀담아들어야만 하오. 비록 내 앞에서는 쉬쉬하고 있지만, 정말이지 나는 백성들이 그런 생각을 하고 있다는 사실이 두렵기 짝이 없소.

난 될 수 있는 한 평화롭게 살기 바라오. 따라서 전에 그 아이의 어린 누이를 없앴듯이 이번에도 아들을 그렇게 하려고 하오. 당신에게 미리 알려주는 것은, 당신이 지나치게 슬퍼하여 정신을 잃지 않기를 바라기 때문이오. 지난번처럼 이번에도 꾹 참아달라고 당신에게 당부할 따름이오."

그러자 그리셀다는 말했습니다.

"지난번에도 말씀드렸다시피 저는 당신이 원하시는 일 이외에는 그 어떤 것도 바라지 않습니다. 제 딸과 아들이 당신 명에 의해 죽는다 해도 절대로 슬퍼하지 않겠습니다. 두 아이들 때문에 처음에는 병들고 후에는 슬픔에 젖게 될지도 모릅니다. 그러나 당신은 우리의 주인이시니 당신이 원하시는 대로 하십시오."

— 〈캔터베리 이야기〉 중에서 '서생의 이야기'

〈문제1〉 (가)는 문학작품을 읽는 시각에 대해 상반된 견해를 서술하고 있다. 각각의 입장을 80-100자로 간결하고 선명하게 요약하시오.

〈문제2〉 (가)에서 드러난 각각의 입장을 참고로 하여, 제시문 (나)에서 영주 월터의 부인 그리셀다에 대한 사랑과 그리셀다의 월터에 대한 사랑을 과연 '사랑'이라고 할 수 있는지를 찬반을 분명히 하여 1,600-1,800자로 논술하시오.

실전
연습문제 2

〔05대입〕이화여대 논술고사

(가), (나), (다)는 환상, 신화, 축제와 같은 비일상적인 것들의 의미를 기술하고 있다. 제시문 (라)에 대한 찬반의 입장을 정하여 현대 사회 안에서 비일상성이나 비현실성이 지니는 기능을 논하시오. (1,400-1,600자, 150분)

(가)

환상문학은 문화적 질서가 의존하고 있는 토대를 제시한다. 왜냐하면 그것은 무질서, 불법적인 것, 법과 지배적 가치체계 바깥에 놓여 있는 것들을 짧은 순간 열어 보이기 때문이다. 환상적인 것은 문화의 말해지지 않은 부분, 보이지 않는 것, 즉 지금까지 침묵을 강요당하고 가려져 왔으며 은폐되고 부재하는 것으로 취급되어온 것들을 추적한다. 다시 말해 환상문학은 꺾이지 않는 욕망, 즉 이미 존재하거나 실제로 보일 수 있도록 허용된 것들과는 대립되는, 아직 존재하지 않거나 또는 존재하도록 허용된 적이 없는 것, 들어보지 못한 것, 보이지 않는 것, 상상적인 것에 관한 열망에 대해 말한다. 나아가 환상문학은 거부나 전복을 통해 급진적인 문화적 변형의 가능성을 확립하려 한다.

— 로즈마리 잭슨 〈환상성: 전복의 문학〉

(나)

　　신화가 없다면 모든 문화는 건강하고 창조적인 자연적 능력을 잃게 된다. 신화로 둘러싸인 지평선 속에서 비로소 문화의 움직임 전체는 하나로 통일, 완결되는 것이다. 상상력과 아폴로적 꿈의 모든 힘들은 신화를 통해서야 비로소 정처 없는 방랑에서 구제된다. 신화의 형상들은 보이지 않게 어디에나 존재하는 마적(魔的)인 파수꾼이어야 한다. 이 파수꾼의 비호를 받으며 젊은 영혼은 자라나게 되고, 어른은 자기 삶과 투쟁을 그 표식에 비추어 해석한다. 국가에서도 신화적 토대보다 더 강력한 힘을 지닌 불문율은 없다. 왜냐하면 신화적 토대는 국가를 신화적 표상으로부터 자라나게 하고, 국가와 종교와의 관계를 보장해 주기 때문이다.

　　이제 신화에 의한 이끌림이 없는 추상적 인간, 추상적 교육, 추상적 풍습, 추상적 법률, 추상적 국가를 상상해 보라. 그어떤 고유한 신화에 의해서도 제어되지 않는 무절제한 예술적 상상력의 방황을 눈앞에 그려보라. 확고하고 신성한 근원을 갖지 못하여 자신의 모든 가능성을 고갈시키고, 그리하여 다른 문화에 기생할 수밖에 없는 어떤 문화를 상상해 보라. 이것이 오늘날의 모습으로서, 신화를 말살하려 했던 저 소크라테

스주의가 초래한 결과이다. 이제 신화를 상실한 인간은 영원히 굶주리며 모든 지나간 것들 사이에 서서 자신의 뿌리를 찾아 땅을 파헤치고 있다.

— 니체 〈비극의 탄생〉

(다)

중세의 엄숙성은 한 편으로는 두려움, 허약함, 비하, 굴종, 거짓, 위선의 요소들로, 다른 한 편으로는 폭력, 위협, 협박, 금지로 채워져 있었다. 이 엄숙성은 탄압과 강제와 금지를 통해서 권력을 대변했다. 그러한 까닭에 중세의 엄숙성은 민중의 불신을 불러일으켰다. 엄숙성은 공식적인 분위기를 담고 있었으며, 공식적인 모든 것처럼 거역할 수 없는 것으로 받아들여졌다. 그것은 억압적이었고, 두려움을 불러일으켰으며, 제약적이었고, 왜곡했으며, 위선의 마스크를 썼다. 엄숙성은 금식(禁食)의 순간에도 탐욕스러웠다. 그러나 축제의 광장과 주연(酒宴)의 식탁에서 그 가면이 벗겨지면 웃음, 바보스러움, 무례함, 욕설, 패러디, 풍자를 통해서 다른 진실이 드러났다. 모든 두려움과 거짓은 세속적이고 육체적인 축제의 원리 앞에서 스러졌다.

— 미하일 바흐친 〈라블레와 그의 세계〉

(라)

소설에는 세 가지 의혹된 바가 있다. 헛것을 내세우고 빈 것을 천착하며, 귀신을 논하고 꿈을 말하였으니 지은 사람이 첫 번째 의혹이요, 허황된 것을 감싸고 비루한 것을 고쳐시켰으니 논평한 사람이 두 번째 의혹이요, 귀중한 시간을 허비하고 경전(經典)을 등한시했으니 탐독하는 사람이 세 번째 의혹이다. 소설을 지은 것도 옳지 못한 일인데 무슨 심정으로 평론까지 붙여 놓았단 말인가? 평론한 것도 옳지 못한 것인데 삼국지 또는 수호전을 속집(續集)까지 만든 자가 있었으니, 그 비루함을 더욱 논할 나위가 없다. 슬프다! 더욱 심한 자는 음란한 더러운 일을 늘어놓고 괴벽한 설을 부연하여 보는 사람의 눈을 기쁘게 하기에 힘쓰면서 부끄러워할 줄을 모른다. 내가 일찍이 보건대, 소설들 서목(書目) 중에 연의(演義)를 개척한 것도 있는데, 비록 펼쳐 보지는 않았지만 그 명목만 보아도 너무 괴상하다.

— 이덕무 〈청장관전서〉

다락원 논술노트 015

캔터베리 이야기

펴낸이 정효섭
펴낸곳 (주)다락원

초판 1쇄 인쇄 2006년 11월 10일
초판 1쇄 발행 2006년 11월 15일

책임편집 안창열, 김지영
디자인 손혜정, 박은진
번역 오성환
삽화 손창복

다락원 경기도 파주시 교하읍 문발리 509-1
Tel:(02)736-2031 Fax:(02)732-2037
(내용문의: 내선 520/구입문의: 내선 113~114)
출판등록 1977년 9월 16일 제300-1977-23호

Copyright ⓒ 2006, 다락원

값 8,500원

ISBN 89-5995-130-7 43740
      978-89-5995-130-7 43740

〈행복한 명작 읽기〉는 기초가 약한 영어 초급자나 초, 중, 고 학생들이 보다 즐겁고 효과적으로 명작들을 읽으며 독해력을 키울 수 있도록 개발된 독해력 증강 프로그램입니다.

국판 | **Grade 1, 2, 3** 각권 **6,000원**(오디오 CD 1개 포함)
Grade 4, 5 각권 **7,000원**(오디오 CD 1개포함)
*어린왕자 **8,000원**(오디오 CD 2개 포함)
고도를 기다리며 **9,000원(오디오 CD 2개 포함)

책의 특징

1 골라 읽는 재미가 있다. 초보자를 위한 350단어 수준에서 중고급자를 위한 1,000단어 수준까지 5단계 구성.
2 단계별로 효과적인 영어 읽기 요령과 영문 고유의 참맛을 느낄 수 있는 장치가 곳곳에.
3 읽기만 해도 영어의 키가 쑥쑥 – 해석을 돕는 돼지꼬리(∼), 영어표현 및 문법 설명, 퀴즈가 왕창.
4 체계적인 듣기 학습까지. 전문 미국 성우들의 생동감 넘치는 원음을 담은 오디오 CD 제공.

Grade 1 Beginner	**Grade 2** Elementary	**Grade 3** Pre-intermediate	**Grade 4** intermediate	**Grade 5** Upper-intermediate
350words	**450**words	**600**words	**800**words	**1000**words
1 미녀와 야수	11 이솝 이야기	21 톨스토이 단편선	31 오페라 이야기	41 센스 앤 센서빌리티
2 인어공주	12 큰 바위 얼굴	22 크리스마스 캐럴	32 오페라의 유령	42 노인과 바다
3 크리스마스 이야기	13 빨간머리 앤	23 비밀의 화원	33 어린 왕자*	43 위대한 유산
4 성냥팔이 소녀 외	14 플랜더스의 개	24 헬렌 켈러, 나의 이야기	34 돈키호테	44 셜록 홈즈 베스트
5 성경 이야기 1	15 키다리 아저씨	25 베니스의 상인	35 안네의 일기	45 포 단편선
6 신데렐라	16 성경 이야기 2	26 오즈의 마법사	36 고도를 기다리며**	46 드라큘라
7 정글북	17 피터팬	27 이상한 나라의 앨리스	37 투명인간	47 로미오와 줄리엣
8 하이디	18 행복한 왕자 외	28 로빈 후드	38 오 헨리 단편선	48 주홍글씨
9 아라비안 나이트	19 몬테크리스토 백작	29 80일 간의 세계 일주	39 레 미제라블	49 안나 카레니나
10 톰 아저씨의 오두막	20 별	마지막 수업	30 작은 아씨들	40 그리스 로마 신화	50 나에겐 꿈이 있습니다 –명연설문 모음

쉬운 영문을 통해 영어 독해에 대한 막연한 두려움을 없앤다	실력에 맞게 효과적으로 끌어 읽으며 직독직해 훈련을 한다.	영문판 원서 도전을 위한 전 단계의 준비과정이다.
왕초보 기초다지기	**실력 굳히기**	**영어의 맛** 제대로 느끼기